自分に挑む！

人生で大切なことは
自転車が教えてくれた

猪野 学

CCCメディアハウス

TIME
ALPE D'HUEZ
TIME
TIME

チャリダー
HD
361
65
uvex
castelli

237
365

プロローグ

男、46歳の嬉し泣き

魂が震えた世界一過酷なヒルクライムレース「台湾KOMチャレンジ」

第一の悲劇

いよいよ「台湾KOMチャレンジ」のレース当日！　朝4時に起床する。思いのほか眠りが深く、コンディションが良い。これはいけるかもしれない。そういうときは起きてすぐにわかる。「今日は俺の日だ！」と意気揚々とスタート地点へと移動した。

スタート時間は午前6時なので早速、移動の車中で昨日コンビニで買ったパスタ食べようと思った瞬間、本日一発目の悲劇が襲った。

お箸がない……。

徐々に事態の深刻さを理解する。**これから上る山は走行距離105㎞。**朝食抜きなら確実にハンガーノック〔低血糖〕になる。人生初の海外レースへの挑戦なのに、お箸がなくてリタイアなんてシャレにならない！

慌てて思考を巡らすが、車内には強面《こわもて》ドライバーしかいない。彼には日本語は通じない。周囲を見渡すと、リスの餌のヒマワリの種が目に入った。しかしヒマワリの種では明らかにカロリー不足だ。箸の代わりになる物を必死で探すが、車内には自転車関連の物しかない。

さて、ここで問題です。私は自転車関連のモノで無事にパスタを食べることができました。何で食べたでしょう？

そう！　正解は六角レンチです。

私は工具箱から六角レンチを取り出し、ウェットティッシュで拭き、パスタを貪《むさぼ》り食べた。まあ、六角レンチがなくても手で食べていただろう……。それぐらい**私はこのレースにかけているの**だ。

何とかパスタを食べ終えてスタート地点での取材を始めていると、〝山の神〟こと森本誠《まこと》師匠や兼松大和《かねまつやまと》さん、矢部周作さん、清宮洋幸《せいみやひろゆき》さんといった日本のトップクライマーたちが現れた。

何とも誇らしく、頼もしい。**日本は坂バカ密度が非常に濃い国なのだ。**

700人が一斉にスタート

そしていよいよ6時、〝化け物レース〟「台湾KOMチャレンジ」の幕が切って落とされた！

最初の18㎞はパレード走行と聞いていた。パレードだから、のんびりした感じかと思っていたが、実際はとんでもなかった！　**まずその選手の多さだ。700人もの集団が一斉に移動するのだ。**ツール・ド・フランスでも200人くらいなので、その3倍以上。しかもこの700人はプロから初心者までがごちゃまぜなのだ。

みんな気合いが入っているから、少しでも前に出ようとする。前が詰まると誰かがブレーキをかける。するとみんな一斉に「**ぬぉ〜〜い！**」といった変な雄叫びをあげる。日本で言えば「ブレーキ！」と叫ぶところだが、万国共通なのか、台湾限定なのか？

20%超えの坂が続く世界一過酷なレースに挑む著者〔写真提供：Taiwan Cyclist Federation〕

「台湾ＫＯＭ」では、ただ変な雄叫びがあがる。

「ぬぉ〜い」という雄叫びがドップラー効果のように前から後ろへとこだまする。「何だこのパレードは!!」思わず笑ってしまうが、車間距離を長めにとり、気を引き締める。

そしてタロコ大橋を渡り、左折した所からいよいよリアルスタート！　ものすごいスピードで一気に細くなる集団。集団に少し無理をしてでも喰らい付く。

前方を見るとすでに中切れ〔選手が途切れること〕が起きていた。「チッ」と心で舌打ちする。**やはり前のほうでスタートするべきだったか――。**

少し脚を使ってブリッジ（合流）しながら、集団から集団を渡り走る。至る所で中切れが起き、小さな集団ができては壊れていく。

実にカオスだ！　世界自然遺産のタロコ峡谷の絶景を見る余裕なんてまったくない。

ようやく脚の合う（ペースが同等）集団にまとまりだした頃に、勾配がキツくなり始め、いよいよ本格的にヒルクライムが始まった。小さな集団もパラパラと壊れ始め、いつものヒルクライムの光景になってきた。

少し余裕ができたのでカメラバイクに「いま何km地点ですか？」と聞くと「ちょうど60kmです！」という答えが返ってきた。

60km!?　信じられない！　もう半分以上走ったのか!?

私は自分に合う集団を見つけるのに集中し過ぎて、あっという間に化け物レースの半分を消化していたのだ。

「よし！　これは行けるぞ！　あと45kmだ！　台湾ＫＯＭなんて大したことないではないか！」と思った。「乗鞍４本とふじあざみライン１本」はウソだ！

台湾KOM＝乗鞍4本＋ふじあざみライン1本!?

しかし本当の地獄はここからだった。

よく台湾KOMの長さは、「乗鞍4本とふじあざみライン1本」と喩えられる。ここまでで、すでに乗鞍を3本消化したことになる。「あと乗鞍1本とふじあざみライン1本！何とか行けそうだ！」と思ったが、実際は違った。

乗鞍1本は良しとする。しかしふじあざみライン1本というのは間違いだ。実際は「ふじあざみラインの『馬返し』（最大勾配22％の激坂区間）を3本」というのが正解だ。

20％超えの激坂が次から次へと現れ、最後の最後で完全にトドメを刺される。それが台湾KOMなのだ。

そして最後の激坂ではとんでもないドラマが待っていた！

長いヒルクライムだから脚の合う人と協調して上るものだと思っていたが、次第にそうではないことがわかってきた。

しばらく一人で走っていると、マルコ・パンターニ（イタリアの伝説的選手）のようなダンシング〔立ち漕ぎ〕で踏みながらもがく、私の倍はある体格の女性が現れた。ちょうど良い風よけになるので、しばらく付かせてもらうことにした。

するとチームカーが我々の横に来て、監督らしき人物が彼女に向かって何やら叫んだ。言葉はまったくわからないが**「こんなメガネに負けるんじゃない！」**とでも言っているかのようだった。しかし彼女はもう限界なのか、苦しそうに首を振っていた。私は、何だか悪い気がしたのでケイデンス〔ペダルを回す速さ〕を上げて彼女をパスした。

しばらく走っていると、先程のチームカーが物凄い勢いで私を追い抜いていき、ハザードを出して止まった。すると監督らしき人物が私に補給食らしき物を差し出すではないか！

さすがは国際レース！　国境を越えてサポートしてくれるとは感動的ではないか！

礼を言い、ありがたく補給食を口に入れた。

すると何ということだ！　その補給食はパッサパサのクッキーにゴロゴロした大きな豆類がたくさん入っているではないか！

口の中の水分をすべて奪われ息ができない！

すかさずボトルの水で流し込もうとするが、大きな豆類が邪魔をして飲み込めない。猛烈に苦しくて減速する。すると後方で監督が何やら叫んだ。

「メガネはパッサパサ補給食作戦で失速してるぞ！　今のうちに抜き去れ！」

恐らくそんなことは言っていないのだろう……本当に善意で補給食をくれたに違いない。しかし極限状態だと良からぬ妄想ばかりしてしまうのだ。

女版パンターニも余力がないらしく、無理だと首を振って苦しそう。**皆が皆、限界の中戦っていた。**

ほどなく、**台湾KOM唯一の下りが現れた。脚を休めたいところだが、ここでもギアをアウターに入れて回す。**

ここまで頑張ってきたのだ、最後まで手を抜きたくない。この下りが終わるといよいよ〝ラスボス〟、激坂10㎞の登場だ！

ラスボスの激坂での死闘

実は事前に台湾KOM対策として、地獄の伊豆200㎞のロケを行っていた（実はこれがいちばんキツかった）。その際、〝山の神〟こと森本誠師匠から「ラスト10㎞までは脚を

激流が大理石を削って生まれた「太魯閣（タロコ）峡谷」を走る〔写真提供：Taiwan Cyclist Federation〕

温存しろ」とアドバイスをいただいていた。私はこの教えを守り、これまで踏まずにケイデンス高め〔ケイデンス＝1分間のペダル回転数〕で走り続けてきた。**いよいよトルクを掛けるぞ、と踏み始めた瞬間、脚が攣った！**

「このぉ～ド貧脚がっ‼」と己の脚を罵るが、無理もない。ここまで90㎞近く上り続けているのだ。

しかしここで私に光明が差し始めた。皆が激坂で失速するなか、私はペダルをクルクル回して次々と選手をパスして上っていく。そう、**伝家の宝刀、32Tのスプロケ**〔スプロケット。ギアの一つ〕**の登場だ！**

私はふじあざみラインなどの激坂に

慣れているので、勾配20％を超えたら32Tが必須だとわかっていた。

それまで私の前を走っていたドイツ人と思われる女性は、あまりの激坂に**「イッヒ、リーベン○〆#×*！」**と大声で叫び、脚を付いて動けなくなってしまった。恐らく「畜生！　このクソ坂が！」みたいな内容だろう。

その横をクルクル回してパスしていく。**ギア比の選択に成功し、恐らく10位くらいは順位を上げた**のではなかろうか。

5km先に見えたゴールで……

そしていよいよラスト5kmの看板が現れた。

5km！

乗鞍でいえば位《くらい》ヶ原《がはら》からゴールまでだ。

20分ちょっとで行ける！

……と思った私が馬鹿だった。

何と私はラスト5kmにこのあと50分も費やすことになる。

乗鞍とは勾配も標高も桁違い……。このことからも、台湾KOMのラスボスの恐ろしさがわかっていただけるだろう。遥か彼方にゴールの看板が小さく見える……。しかしそこまでの坂がつづら折りではなく、直登で激坂なのだ。これにはさすがに心を折られた。

さらに我々を苦しめるのが交通量の多さだ。大会関係者の車なのか何なのか、とにかく激坂で渋滞しやがる！　すると勾配がキツいイン側を走らざるを得なくなる。

「なぜだ！　国際レースでなぜこの交通量なんだ！」――。

蛇行ができないために、次々と脚が攣って動けなくなっていく〝戦友〟たち。一歩間違えれば私もああなる。攣らないように丁寧にペダルを回す。

ようやく「FINISH」の看板が近付いてきた。しかし、よく見ると「FINISH」……

「I」が一つ足りない。

「なぜだ！　国際レースでなぜ間違えるんだ！」――。

このレースはどこまで突っ込みどころ満載なのだと、力が抜ける。

「I」が一つ足りない残念な看板……。〔写真提供：著者〕

ふと前を見るとゴール前に二人いる。**最後にもがいて順位を上げようと、力を入れて踏んだ瞬間に再び脚が攣った。**ダメだ……満身創痍《まんしんそうい》、もう余力なんて残っていなかった。

ゴールが近づく……待望の瞬間だ。

5時間近くこの瞬間を待ち望んでいた。最後は少しだけケイデンスを上げ、**すべてを出し切ってゴール！** これほどゴールが嬉しかったことはなかった。

標高3000mなのでゴール後も呼吸がなかなか落ち着かない。全身が震え息を吸えば吸うほど涙が込み上げてくる。「何だこれは？」初めての感情だった。

そう、私は**46歳にして初めて嬉し泣きを経験**した。まるで魂が震えているようだ。**どんどん溢れ出る感情、それは１０５㎞を上り続けた者にしかわからない感情だ。**

ゴールでは森本師匠が寒いのに待っていてくれた。師匠は見事に6位入賞！　さすがは日本が誇るクライマーだ。高山病一歩手前なのではと思うくらい、美しい色白な肌がさらに白くなっている。そんな師匠と堅い握手を交わし、下山した。

夜が明け、翌朝ホテルで一人朝食を食べていると選手たちが次々と「グッドモーニング！」と笑顔で声を掛けてきた。その挨拶の中には「**昨日はクレイジーな坂だったな！**」「**俺たちサイクリストは世界一イケてるよな！**」というニュアンスが聞き取れる。

ヨーロッパのサイクリストたちは皆、**自分がサイクリストであることを本当に誇りに思っている。**そして私も温かいスクランブルエッグを頬張りながら思った。「坂バカ」であることを誇りに――。

プロローグ

男、46歳の嬉し泣き

第1章

つながり、回り出す、運命の輪

【出会い篇】

第2章 【トレーニング篇】自分に向き合えば、知らない自分に出会える

第3章

［レース出場篇］本番の舞台があれば、大きく成長できる

第4章

[友情篇] 自身の限界は他者の助けで乗り越える

第5章

46歳の挑戦、2019年夏

[道半ば篇]

第1章

［出会い篇］

つながり、回り出す、運命の輪

自動二輪《バイク》を
自転車《バイク》に
乗り換えた日。

人生はふとしたことから思いもよらぬ方向に転がり出すことがある。

私の場合はオートバイの駐車禁止の取り締まりが厳しくなったことにより、「それ」は動き出す。それまで移動はもっぱらビッグスクーターだった。しかし取り締まりが厳しくなったことにより、今まで駐車していた自宅近くの駐輪所に置けなくなってしまったのだ。仕方ないので売る羽目になった。

10万円で売れたスクーター。

その時ふと「この10万でちょっといい自転車を買おう！」と思ったのだ。**人の思考というものは何処からやって来るのだろう……前触れもなく突然にふとやって来る。**この時の思考が私の人生を大きく動かす。

私は10万円でクロスバイクを手に入れた。

ぴかぴかに輝くSCOTTのクロスバイクだ！　猛烈にカッコいい。そして乗ってみて驚いたのはその疾走感だ！　子どもの頃に乗っていた自転車とはまったく違う。現代の自

はじめての愛車。完璧なチョイス〔写真提供：著者〕

転車はこんなにスピードが出るのか⁉　そこから十年近く私はこの疾走感の虜になっている。

そこからロードバイクを手に入れるまで時間はかからなかった。

ある日、自転車雑誌を見ていて、ビビッと来たのだ。「エントリーモデルとして最適、ホビーレースにも対応」と書かれたその下に**神々しく輝くLOOK555**の写真があった。

当時コンポーネントやホイールのことはまったくわからなかったので、雑誌を自転車ショップに持っていき、写真を指差し「**これください！**」と言った。

ショップの方は一瞬目を丸くしたが「お客様……これは間違いないチョイスです」とドヤ顔で言い放った。

今考えても完璧なチョイスだ！

コンポーネントはカンパニョーロのケンタウル。

ホイールはマビックのエリート。

値段は20万を切る。

こうしてアルミのクロスバイクからカーボンのロードバイクへステップアップした。乗って驚いたのがその直進安定性だ。何km乗っても疲れない。そしてカーボン独特の走行音。「コォ〜」という音がフレームを通して身体に響く。何とも言えない快感だ。

上下5000円のジャージでドヤ顔〔写真提供：著者〕

こうなったらジャージも買わなければならない。レーパン〔レーサーパンツ〕**というやつだ！**

何を買ってよいのかまったくわからなかったので、ネットで上下5000円で売っていたCSCのレプリカジャージを購入。

５０００円なのでもちろんビブ〔パンツタイプのショーツに肩ひもが付いていて走行中ズレにくい〕ではなく、ペラッペラのパンツタイプだったが、初めてのジャージを着てドヤ顔でサイクリングを楽しんだ。今考えたら初心者丸出しで恥ずかしい。

お次はビンディングというやつだ！
どうやらシューズとペダルがくっ付くらしい。

何のためにくっ付くのかまったくわかっていなかったが、とにかくみんなくっ付いてる。俺もとりあえずくっ付けよう！　まずは形からだ！

新宿のショップでシューズとペダルを購入した。
使用してすぐにクリートが外れず歌舞伎町の大きな交差点でガシャーン！　と派手に立ち転けた。**ビンディング初心者名物、立ちゴケだ！**

大勢の視線が私に降り注ぐ。猛烈にカッコ悪い。

外国人観光客が「Are you OK?」と話し掛けてきた。

私は「No problem!」と爽やかに微笑んだが膝からはしっかり出血していた。何とも痛い思い出だ。

あるときすっかりサイクリストになった私に、同じくサイクリストで親友の俳優、蟹江一平が、知り合いのディレクターが自転車に乗れる俳優を探していると言ってきた。どうやら自転車の旅番組を作りたいそうだ。**行き先は何とイタリア！** 私はビッグスクーターを売ってわずか数ヵ月で、自転車でイタリアを旅することになったのだ！

番組名は『男自転車ふたり旅』。

この番組は何度も再放送され、今では伝説の番組となっている（らしい……）。蟹江一平氏との奇想天外なイタリアの旅については次項のイタリア篇（28頁）を読んでいただこう。

その**イタリアで出会ったのがアペニン山脈の坂の数々**だ。

イタリアは上っても上っても坂だらけ。このイタリアの坂を上り続けるうちに坂バカになってしまった。簡単な話だ。**物事は時にとてもシンプルだ。**

よく、なぜ坂バカなのか？　と聞かれることがある。

坂の魅力は多々あるが、まず、最初に答えるのは自転車だと信じられない速度で坂を上れるからだ。坂では重力が働くから、つらいはずなのに、比較的楽に（個人差はある）頂上に着ける。そこには信じられない達成感と美しい景色が待っている。

そして私の場合は少しだけ癖が強く、坂自体が好きなのだ。坂の勾配、うねり、などをうっとりしながら愛でる。

世界は、坂にあふれている。
そしてその坂は一つとして同じものではない。
そう、坂は生きているのだ！

ここまで言ってしまうとただの変な癖を持つ変態オヤジだが、私はこれで飯を食っている。世界で、坂で飯を食う俳優は私ぐらいだろう。

そしてイタリア旅のディレクターが、今の『チャリダー★』のディレクターだ。ある日、本格的な自転車番組を作ろう！　と声をかけていただいた。そこから、なぜか可笑しなことばかり起こる。

私の坂バカ人生が幕を開けるのであった。

「坂バカ」の覚醒！
男二人、自転車で
イタリアを旅して。

俳優の蟹江一平氏（左）と共演した『男自転車ふたり旅』〔写真提供：著者〕

レース会場に行くと「坂バカ！」と声をかけていただくことが多くなった。ひょっとしたら私の本業は「大河ドラマ」や「朝の連ドラ」（朝の連続テレビ小説）に出ている俳優ではなく、「坂バカ」だと思われているかもしれない。そこでふと考えてみた。いつから私は「坂バカ」になったのだろうかと。

思い起こせば2008年のこと。それは思いがけないエピソードから始まった。NHKの『男自転車ふたり旅』という番組で俳優の蟹江一平と北イタリアを走ったときのことだ。イタリア北部、生ハムと中田英寿選手がいたことで有名なパルマの街へと下る山道が絶景だというので、自転車で走る様子をモーターパラグライダー（以下モーパラ）で空撮することになった。

モーパラという乗り物は低速では安定しないらしく、パイロットからの指示は「時速35km以上をキープせよ」とのこと。街までの道のりは50km。ちょっと遠いが、下りだから大丈夫だろうと判断し、空撮を実行することにした。

モーパラの操縦と撮影を担当するのは現地イタリア人。白髪でスラリとした長身でいかにも伊達男。イタリア版ジョージ・ルーカスといったところだ。

モーパラの離陸と共に撮影がスタート。順調に下りを攻める。一平は下りは得意ではないが、さすがに時速35kmを切ることはない。これはさぞかし良い画が撮れそうだ……と思ったその時！　前方におかしな光景が現れ、我々は眼を疑った。

上り坂だ。

おいっ！　誰だっ、下り坂だけだと言ったのは！

背後からはルーカスがモーパラのエンジン音を轟かせながら迫ってくる。「おい！　どうしたセニョール！　35kmだぞ！」と言っているかのようだ。**アウターダンシングで一気に駆け抜けようとするが、我々の祈りとは裏腹に勾配はどんどんキツくなっていく。**

さすがに時速35kmは無理だ……。プロのパンチャーじゃあるまいし。

標高はグングン上がり続け、私と一平の心拍もグングン上がり続ける。後ろから「話が違うよ！」と泣き叫ぶ一平の声が聞こえる。こんなの無理だ。しかしルーカスのエンジン音は背後から語りかけてくる。

「おい！　どうしたセニョール！　35㎞だぞ！」

アップダウンを何度かくり返し、下山した時にはヘロヘロだった。まるで激しいインターバルトレーニングを終えた後のようだった。

必死で35km/hをキープする二人〔写真提供：著者〕

ふもとのピザ屋で昼食を取りながら休憩。頑張った後の至福の時だ……。ルーカスとスタッフは先ほどのモーパラの映像をチェックしている。が、なぜか表情が曇り出す。嫌な予感……おそるおそる近寄り、映像を見てみる。

何ということだ……。ピントが一つも合っていない。

おいっ！　ルーカスっ！　その白髪は見かけ倒しか！

結局その日の映像は一つも使えず、私と一平の心拍数はまったくの無駄に終わった。そしてその瞬間から、イタリアのジョージ・ルーカスは「ジョージ・ノー・フォーカス」と呼ばれることになった。

ジョージ・ノーフォーカスの代わりにはイタリア2位の実力者が来た〔写真提供：著者〕

　脚が売り切れた（脚力を使い果たした）絶望的な状況。限界スレスレの心拍。**ぜんぶ無駄になったが、「出し尽くした」満足感だけはあった。**思えば、あれが人生で初めての「坂バカ体験」だったのかもしれない。そして、今でもちょっとしたアップダウンを走ると、ルーカスのエンジン音を思い出す。

「どうしたセニョール！　35㎞キープだぞ！」と——。

ロードバイク
は、
素晴らしい。

そもそもロードバイクとはどういう乗り物なのだろうか。

その特徴を一言で言えと言われたら私は迷わず答える。それは**「軽い！」**ということ。皆様が思っている自転車の概念をがらっと変えてしまう軽さだ。

わかりやすく言えば人差し指を引っ掛けるだけで持ててしまう。私は以前４kgの自転車を持たせてもらったことがあるが、**ビールの中ジョッキ３杯ぐらいの軽さだ！**　とてもわかりづらい喩えで申しわけないが。とにかく軽いのだ。

その軽さを実現しているのがカーボンだ。パーツがカーボンになればなるほど軽い！そして自転車が軽くなればなるほど上りは速く上れる。

しかし世の中はうまくいかないようにできているらしく、カーボンは非常に値段がお高い。自転車を軽くするにはなけなしのお金を注ぎ込まなければならない。

よって、**資金力がない者は己の身体を軽くする。減量だ。**

資金力のある者は高価なカーボンホイールやパーツを手に入れ、軽い自転車で坂を颯爽と上る。と言いたいところだが、**資金力がある者はいいものも喰える**のだろう、ふくよかな体幹の持ち主が多い。
よく峠を攻めていると、150万はするだろう超高級カーボンバイクがガードレールに立て掛けてあり、その横には必ずよく肥えたおじさんが打ち上げられたクジラのように倒れ込んでいる。

世の中は矛盾で成り立っている。

スピードの快楽

そして何と言っても疾走感。**中級者になれば軽く時速40㎞**は出せる。車と変わらないのだ。世界トッププロになると80㎞をマークする！ 人間が自力で出せるのだ！ 80㎞を！

私も自己最高速度56㎞（かなりの追い風だった）をマークしたことがあったが、あの快感は忘れられない。変なSEXよりよっぽど気持ちいい！ **己の力だけで速く、どこまでも遠くへ行けてしまう。**それがロードバイクなのだ。

ストレスフリーの通勤手段

私は普段仕事の時も自転車で移動している。なぜなら自転車だと渋滞がないので、何より速く目的地に着けるからだ。満員電車のラッシュもないし、健康的だ！

私は決して自転車協会の回し者ではないが、声を大にして自転車通勤をお勧めする。自転車が普及し東京が北京（今は違うのだろうが）のようになれば、地球温暖化も少しはましになり、毎年のおかしな酷暑もなくなるだろう。

いいことだらけの乗り物ではないか！

みるみる痩せる

さらにたたみ掛けよう。

私はこれまで様々な運動をしてきたが、**こんなに痩せるスポーツはない。消費カロリーが凄まじい**のだ。

しかも有酸素運動なのでそんなに苦しくなるまで追い込まず、軽く流しているだけで痩せていく。逆に食べないとハンガーノックなどで走れなくなるので、ツール・ド・フランスなどでは競技中に補給食を食べる。食べながら行う唯一の競技と言える。

しかし、中にはロードバイクは痩せるからと言って消費カロリー以上に食べ、太って逆切れするサイクリストも少なくないので気をつけなければならない。

私は俳優という仕事をしているのでプロポーション維持のため、ジョギングや水泳をしたり、食事制限をして苦労してきた。しかしロードバイクに出会ったことにより、**楽しく痩せることができる**ようになった。

今ではロードバイクに乗る俳優が増えているらしいが、坂バカな俳優は恐らく私だけであろう。どこかで特許を申請したいくらいだ。

あと、よく女性は脚が太くなるからと警戒する方が多い。(そしてそういう人に限って脚が太かったりする)。

競輪などの瞬発力を必要とする競技は確かに脚が太くなる。

しかしロードバイクの場合は長距離を乗るので、**細くて強い筋肉が養われる。**喩えて言えばマラソンと同じだ。

プロのロードバイク選手の体形を見ると惚れ惚れするほどカッコいい。**上半身の無駄なものは削ぎ落とされ、お尻がプリッと盛り上がり、太ももは程よく太く、膝から下は極端に細い。**外国人選手だと金髪だったりするからまるで彫刻を見ているようだ。

私は**いま47歳（2019年11月現在）だが、お腹が出るどころか体脂肪が6パーセントまで落ちる**こともある。もちろん毎年の健康診断も主治医から「坂バカ、今年も100点！」と言われる。

初期投資は工夫できる

これだけ素敵な乗り物だが、やはり高額だから手を出せずにいる方も多いだろう。どうしても**初期投資はかかるのが現実**だ。

今ではだいぶ低価格なモデルも出ているが、エントリーモデルでも10万円はする。さらに自転車だけでなく、ウェアやヘルメット、シューズといった小物も必要になる。

そこで私が**お勧めするのは、まずは中古のロードバイクを手に入れること**だ。ネットオークションや中古専門店で安いものだと3万円ぐらいからある。

街乗り用3万円。クランクは55Tと男ギア〔写真提供：著者〕

ちなみに私の街乗り用ロードバイクは3万円だ。盗難に遭ってもよいように中古のパーツで組み立てた。**盗難上等バイク！**

見掛けはガラクタだが、目に見えない所に実はお金をかけていて乗り味は最高！　もう5年も盗まれていない。

そして**揃える物さえ揃えてしまえば実はほとんどお金がかからない**スポーツなのだ。

丸一日サイクリングを楽しんでもかかるお金といったらジュース代くらいだ。僅か数百円で一日楽しめる。消耗するものといえばタイヤとブレーキシューくらいだし、そんなにすぐには消耗しない。

そしてもし最悪、買ったはよいがやはり私には合わない。怖い、等々で乗らなくなってしまっても、心配御無用！

ロードバイクは高額で売れる商品なのだ。だから盗難が横行してしまうのだが。程度がよいと定価の半額くらいで買い取ってくれる場合もある。

私も家計が苦しい時に何度もパーツを売って凌いできた。中でも忘れ難いエピソードがある。

俳優という仕事はとにかく不安定で、ある日突然貧乏という名の彗星が堕ちてくる。氷河期の到来だ。どんどん貯金がなくなっていく。

ある日わたしは、お気に入りのサドルバッグ（サドルなどに装着する鞄）を売ることにした。それほど、逼迫《ひっぱく》していたのだ。千円くらいで売れればよい。それで数日は食いつなげる。

そう思っていたら、査定をしてくれた店員さんが、「お金入ってますね」と小さく畳まれた千円札をサドルバッグから数枚出した。ロングライドに行った時に入れておいたのを忘れていたのだろう。

私は涙を止めることができなかった。
あれほど千円札が輝いて見えたことはない。

このようにロードバイクは資産にもなるので、困った時のために持っておいてもよい。そしてその資産価値はなかなか下がらないのも事実だ。

お尻に刺さりパワーアップ!?〔写真提供：著者〕

ずっと飽きない

私はロードバイクに出会ってもう10年以上になるが、**飽きるどころかまだまだ発見がある。**

それは機材スポーツということが大きいだろう。サドルを2㎜下げただけでまったく違う乗り物になる。上下だけでなく前後もある。サドルだけではない。フレームとハンドルを結ぶステムも様々な長さがあるし、角度も色々ある。

パーツを変えただけでポジションが変わり、新たな感覚で楽しめるから飽きることがない。

私は最近サドルを先が細く尖った物に変えたのだが、先がうまい具合にお尻に刺さり、大臀筋を使えるようになりパワーが増した。

ここに来て成長するのだ。

さらに奥が深いのがペダリングである。

自転車はペダルを回さないと進まない。当たり前だ。しかしこの**当たり前のことが実に**

奥が深いのである。

力を入れるタイミング。速さ。長さ。

これらを変えることで自転車の進み方が変わるし、使う筋肉も違ってくる。もしかすると未だにまだ使えていない**埋蔵筋**が埋もれているのではないか？　ある日突然、化け物のように速くなれるのではないか（まずないのだが）？

そんな**淡い夢もペダリングという名の宇宙にはある**のだ。

まだまだ私のスペースを埋める要素が自転車にはある。

まるでブラックホールだ！

観戦も楽しい

自転車は自分で乗るのも楽しいが、プロ選手が走るのを観戦するのも、また違った意味で楽しめる。

誰もが一度は聞いたことがあるであろう**ツール・ド・フランス！　世界一過酷と言われ**

るレースだ。

よく自転車を知らない人にレースに出ていると言うと、「じゃあツール・ド・フランスとかに出ちゃってるんですか？」と言われることがある。

出ちゃってるどころか、**ツールに出られるのは世界の超人200人のみ！**

神に選ばれし者だけなのだ！

真夏のフランスを1日200㎞超えを3週間、ほぼ毎日乗り続ける。しかもとんでもない速さでだ。

この超人たちの過酷なレースの模様をライブで自宅で楽しめるのが、有料チャンネルだ。私は**レース期間中はほぼ毎日テレビの前に釘付け**だ。焼酎を呑みながらフランスの絶景、アルプスのナイスな勾配を愛でる。

しかし競技時間が長いのでゴールする頃にはすっかり酩酊し、まったく記憶がなかったりするので、レース結果は翌朝SNSで知ることが多い。

そしてライブ放送がすべて終わるとすぐ翌日から再放送が始まる。

また第1ステージのスタートから毎日だ！　何度も何度も再放送してくれるから私は結

局**テレビの前でツール・ド・フランスを3周ぐらいしてしまう**羽目になる。

グランツールを3周するほどの暇人は、世界中探しても私ぐらいだろう。

ロードバイクの魅力を簡単に駆け足で書かせていただいたが、**ロードバイクは夢と希望が詰まった乗り物だ。**

あなたの人生を豊かにすること、間違いないだろう。

第2章

［トレーニング篇］

自分に向き合えば、知らない自分に出会える

1ローラーで知る

追い込め！
闇の中で邪念を
遮断して。

メインのトレーニング

レース会場などで皆さんからいちばん聞かれるのが「普段どういったトレーニングをされるんですか?」という質問だ。「そうですねぇ……やっぱり**仕事が忙しいんでローラーがメイン**ですかねぇ……」と答えるのだが、実はたいして忙しくなくても、私のメイントレーニングはベランダでのローラーだ。

きっかけは、山の神・森本誠師匠と行った我が故郷三重県での冬季合宿だった。当時師匠のメイントレーニングはローラーで、一定負荷をかけ続けるトレーニング。1時間300Wキープ……恐ろしい数値だ。**300Wキープすることだけにすべての精神を注ぎ込む。**テレビも電気も消し、真っ暗な中、ただひたすら高強度を維持する。

なぜ暗くするのか? と問えば「**明るいと腹立ってくるから**」とのお言葉……。

自分もやってみたが、確かに高強度を維持すると、ちょっとしたことに腹が立ってくるし、気が散って集中できない。暗闇にして精神を集中するのがいちばんだ! 私は今でもわざわざ日没を待ち、暗闇ローラーを実践している。

しかし森本師匠、今では雨が降っても実走に出かけるほどローラーをやらないらしい。恐らく神は一生分ローラーを回したのだろう。

トレーニングと住環境

ローラー歴が長くなると色々なことを経験する。

前に住んでいたマンションでは、隣の住人がこう言って怒鳴り込んできた。

「お宅の洗濯機ウルサ過ぎるんだよ！」

ローラーの音を洗濯機と勘違いしたらしい。私はローラーを説明するのが面倒なので、すみません古い洗濯機なのでと嘘をついた。隣のおじさんごめんなさい。

数日後、外出時に大家さんから「水漏れの点検をしたいので部屋に入ってもいいか？」と電話があった。

私はローラーのことをすっかり忘れ、入室を承諾してしまった。ローラーがバレたことも恥ずかしかったが、机の上に置きっぱなしにしてた破廉恥なＤＶＤを見られたことのほうが恥ずかしかった。

結局、騒音の原因が洗濯機でないことがバレたからか、追い出されることになる。破廉恥なＤＶＤでは大家は追い出さない。

その後は、物件探しに走り回る羽目になった。**物件選びの第一条件に「ローラー環境」と書いて不動産屋を困らせた。**

しかし探せば何とかなるもので、今では素晴らしいベランダに恵まれ、今のところお隣様から苦情は来ていない。

2 ペダリングで知る

最大限に発揮せよ!「がむしゃら」を有効に使う。

力の無駄遣いをしていたと知ったら

「**39・3％**」――この数字を何と心得る？　何を隠そう、２０１３年に番組で計測した私の「**ペダリング効率**」の数字なのだ。

ペダリング効率とはペダリングにかけた力のうち、どれくらいのパワーが推進力になっているかを示す割合のことで、プロは70％、一般の人は50％ほどと言われている。それが39％……。こんな私を笑ってはいけない。今日は簡単なようで超絶に難しい、ペダリングの話をさせていただこう。

今でこそ、この「ペダリング効率」は気軽に計測できるようになったが、２０１３年はまだ世に出たばかりで、個人的にも非常に興味深い収録だった。計測地は絶景で名高い群馬県・渋峠。国道最高地点としても知られる。この世にも美しい絶景の中で、私は人生最大の絶望を味わったのだ。

番組の撮影では、まずディレクターから「何も考えず漕いでください」という指示をもらった。私の凄いところは「何も考えるな」と言われれば本当に何も考えないところだ。

ペダリングの実験なのだから少しは意識すれば良いのに、何にも考えず、いつも通りのペダリングで上りきって測定終了。ディレクターがニヤニヤしながらパソコンで測定画面を私に見せる。そこに出ていたのが、39・3%という恐ろしい数値だったのだ。

私の力強いペダリングは、ほとんど自転車が進む力にはなっておらず、大半をロスしていたのだ。これが世に言う「大半ロス事件」だ。あまりに衝撃的で、私は愛車を国道最高地点から投げ捨てたかった。

では**残りの60%はどこに消えたのか？**

それは自転車にぶつかって消えたり、あるいは自分の脚に返ってきてペダリングの邪魔になっていたりするという。

私は自転車を始めて5年もの間、ずっと**60%ものパワーを無駄と邪魔に費やしてきたのだ。**私の5年間を返してくれ！……人生には時に知らないほうが幸せなこともあるものだ。

力を無駄にしないコツを身につける

番組が始まった当初、「駄目の見本市」と呼ばれた私を何とか表彰台に乗せるべく、まず最初に取り組んだのが、このペダリングの改善だった。

困ったときの「山の神」頼みで、森本誠師匠に助けを請うたところ、バスケットボールでドリブルしろとのこと。ドリブルのボールを弾くタイミングが、ペダルに力を入れるタイミングだと言うのだ。しかも力を入れるのは一瞬で良いと。

私はこれまでゴリゴリとペダルに力を入れ、坂をひねり潰すことだけに情熱を注いでいた。いわゆる「ガチャ踏み」というやつだ。

確かに**ドリブルは最小限の力を効率良くボールに伝えている。**実は必要最小限の力で坂を上れるのかもしれない……そう思うと、わずかだが希望が湧いてきた。

次の指令はビンディングシューズを脱ぎ、スニーカーでペダルを漕ぐこと。

スニーカーは底が柔らかくペダルの感覚を掴みやすい。そして引き脚で力を抜く感覚を掴むため、思いきってペダルが真下（6時）に来たらペダルから足を上げろ、というのだ。

ビンディングをやめることでペダリング効率が上がる？……こんなバカな話があるか？

半信半疑で、いざ2本目の測定スタート！

バスケのドリブルのイメージで0時に入力し、6時に来たらペダルから足を離すイメージ。これだけを意識した。果たして結果は……。

42・5％！　微妙な数値ではあるが、改善したことに変わりはない。これを続ければ、

「大半ロス事件」の私も「飛ぶように走れる」かもしれない！　国道最高地点は、私を絶望の淵に叩き落とし、そして淡い希望をもたらしたのだった。

そして2年後。競輪学校で測定したとき、私のペダリング効率は60％台まで向上していた。

達人が知っている感覚を知りたい

私にとって「ペダリング」は、今もって謎だらけだ。番組でよくプロの方々とご一緒させてもらうが、食事の後の雑談などは、必ずペダリングの話になる。私は「ふんふん」と頷いてはいるが、申しわけないことに、実は聞いてもほとんどわかっていない。番組で共演しているドクター竹谷《たけや》のような人なら、その人のペダリングを一目見ればどこが良くてどこが悪いのか、パッとわかってしまうらしいが、私にはサッパリだ。

以前、タイ合宿で土井雪広《どいゆきひろ》選手が「ユキヤ（新城幸也選手）の強いところは背中なんですよ！　**背中が上手く使えてるから速い**んです」と言っていた。私の小さな脳ミソでは、何を言っているのかサッパリ理解不能だった。今でもわからない。また改めて聞いてもきっと理解できないと思う。トップ選手は目に見えていない筋肉も駆使し、全身を使って推進力に変えているのだろうし、トップクラスのコーチにしか、その詳細はわからないのだろう。

これも私にはわからないのだが、プロの方によれば**ペダリングには「ハマる」という感覚があるらしい**。気持ち良く自分の体重が推進力に変わり、きっと飛ぶようにスイスイ漕げるのだろう。ペダリングが「ハマる」までは、走り始めて10分から15分かかるという。

また、**日によってはなかなかハマらず、1時間かかってしまうこともあるらしい**。だからヒルクライムなどにUPのローラーは欠かせないとか。

さらには、**休憩をとってしまったことで「ハマっていた」ペダリングの調子が悪くなる、なんてこともある**のだそうだ。プロのペダリングはそこまで繊細なのか！　いちどで良いから、そんなプロのペダリングを体感してみたい。電動アシスト自転車のように、〝ペダリングアシスト自転車〟が開発されないだろうか？

以前雑誌の編集者に、ツール・ド・フランスの覇者クリストファー・フルーム（イギリス、チーム・イネオス）の登坂が体験できるという電動アシストのマウンテンバイクに乗らせてもらった。３６０Ｗくらいの出力を楽々出せるというものだった。これと同じように、フルームのペダリングをロードバイクで体験できたら、どんな感じなのだろうか。もちろん私の場合、フルームのペダリングの凄さがまったくわからない可能性もあるわけだが……。

どこまでも奥が深い、ペダリングの世界。

難しくてわからないことだらけだが、いつの間にやら私はその世界に魅了されてしまった。

「ペダリングは一日にして成らず」――。

飛ぶように走れるその日を夢見て、今日も効率の良いペダリングを体得するためにコツコツ走り続けているのだ。

3 体幹を知る

さじ加減を知れ！
人生も力を
抜いていこう。

「体幹」って何だ？

ほんの数年前まで、「猪野学」といえば〃ブレブレ走法〃で有名だった。ヒルクライムやイベントに出ると「ブレてるぞぉ！」とずいぶんイジられたものだ。仕方ない。私は上体のブレを直すのに3年も費やし、それが全国に放送されていたのだから。

ブレずに走ることもできたが、ゴール前の追い込むときや、〃坂バカ〃の本性が剥き出しになったときにブレは現れる……。

なぜ直すのに3年もかかったのか？　それは体幹が使えていなかったからだ。私は勝手に体幹が使えているつもりでいたのだ。知ったかぶりならぬ、〃知ったか体幹〃だ。

しかし**体幹を使うと言ったってこれが意外と難しい。なぜなら、それは意識しづらいインナーマッスルだからだ。**

主に**腹横筋《ふくおうきん》、横隔膜《おうかくまく》、多裂筋《たれつきん》**からなる体幹……。

腹横筋はわかる。ツールの選手などが呼吸するとき、怒ったときの河豚《ふぐ》のように、見事にお腹を膨らませ呼吸をしている。初めて見たときは「自転車選手なのに随分メタボな選手がいたもんだ」と驚いたが、腹横筋による腹圧も立派なエンジンらしい。

横隔膜も呼吸のときに意識して開くことができる。しかし、多裂筋になるともうわけがわからない。一体どうやって鍛えたら良いのだ？

海で体幹を使うコツを知る

体幹トレーニングといえばプランクなどのコアトレーニングだ。プロの方々も実走トレーニングの後にコアトレーニングをするらしい。いわゆるスクワットやデッドリフトといった筋トレも行うが、**大半はコアトレーニングに費やしている**のだそうだ。

それほど体幹、コアの部分というのは自転車競技にとって重要なのだろう。私には、この体幹の大切さを知る必要があった。

そこでまた、困ったときのドクター竹谷！　ということで、竹谷賢二さんに助けを請うた。ドクターからの指令は海へと向かえ、とのことだった。

２０１４年、真夏の葉山の海岸……ビキニギャルが戯れている。私は坂も好きだがビキニギャルも大好きだ。

しかし私はブレを克服するために海へ来たのだと、頭の中からビキニを払拭し、向かった所は「スタンドアップパドルボード」〔SUP：サップ〕を教えてくれるスクールだった。**SUPは体幹を認識するのに最適**らしい。なぜならボードの上に立っているだけで無意識に体幹を使うからだ。波が高くなると体幹を使ってバランスを取らないと海に落ちてしまう。足で踏ん張ってもダメなのだ。

最初のうちは何度も水没したが、慣れてくるとだんだんリラックスできて立っていられるようになった。しかし、オールを使ってパドリングするときも腕だけだとなかなか進まない。**腕は脱力して、体幹を軸として上半身全体で漕ぐと不思議に進む……。**

脱力？

私はここで**体幹を使うには「脱力」が必要**だということに気づいた。そう、**体の末端に力が入っていては体幹は働かない**のだ！

脱力の効果

さっそく自転車の上で脱力したくなり、向かった場所は激坂で有名な葉山教会。距離は

250mと短いが、最大29%、平均16%とかなりの激坂だ。

実はSUP前と後とを比較するためにすでに1本アタックし、タイムを計っていた。

1本目は1分40秒。果たして短縮することはできるのか!? SUPで得た脱力のイメージを思い描きながら、腕や脚は脱力してスタート!

脱力しているが不思議とペダルに体重が乗る感じでぐいぐい進む……。

勾配が29%になっても頑張って脱力!

最後の追い込みもブレずに脱力しゴール!

結果は何と……、8秒の短縮!「たったの8秒」と侮るなかれ! 10㎞のヒルクライムに換算すると5分の短縮になる! 何とも喜ばしい結果だ。

さらに嬉しかったのが、葉山教会の神様のような神父様から「激坂制覇認定証」をいただいたのだ。この認定証は「上ったよ!」と自己申告すれば誰でももらえる。

神父曰く、自転車乗りに嘘つきはいないから……自己申告で良いのだと。私は自転車乗りだが、たまに嘘をつく。自分を恥じた瞬間だった。

ちなみに神父の中村健一さんも現役のサイクリスト。教会への激坂を毎日上っているのだから、かなりの剛脚なのだろう。

私はこのロケの翌年から自己ベストを量産している。理由は脱力することで体幹を使えるようになり、ペダルに体重が乗るようになったのと、脱力することで呼吸も楽になったからだ。

最大心拍に近くなると呼吸が苦しくなり、身体がそれを拒否しようとして力が入りがちだ。そうなると無駄な体力を使い、どんどん体力を消耗するのだ。長いヒルクライムだとかなりの違いになる。

人生も脱力して生きたいものだ。だが脱力して生きていると、必ず叱咤する人物が現れる……。脱力しきった私の顔が腹立たしく映るのだろうか……脱力は、自転車の上だけにしたほうが良さそうだ。

4 重さを知る

楽しさを思い出せ！マインドスイッチで常識を乗り越える。

寿司より120g

ヒルクライマーにとってもっとも悩ましい問題は、何と言っても軽量化だ。登坂は**軽ければ軽いほど速く上れる。**これはもう周知の事実なのだ。とはいえ、たとえ1kg軽くしたところで何分もタイムが上がるわけではない。

しかし、わかっちゃいるけど**自転車を数gでも軽くするために大金を使ってしまう。**軽量サドル、軽量ハンドル、軽量ブレーキ、軽量チェーン、軽量ホイールと、坂バカの経済事情を苦しめる。

速い人は何に乗っても速いし、軽量化しても大した効果はないのだと、わかっちゃいるけど止められない。

さらに私のような独身は止めてくれる伴侶がいないため、これまでかなりの金額を注ぎ込んでしまった。俳優なのだからその分、衣装費などにまわすべきなのだが、軽量化への欲はとめどないから恐ろしい。

しかし数gでも軽くして、自転車を持ったときの「あっ！　少し軽くなった！」と思えたときのあの悦びは何物にも代え難かったりする。

私の現在の愛車は7・2kgだ。最近、ハンドルとステムを替えれば120g稼げるなあ……と考えていたりする。しかしその120gのためには、数万円の出費を余儀なくされる。ちょっと良い寿司屋に5回くらい行ける金額だ。でも**寿司より軽量化をとるのが坂バカ**なのだ。

私は自己最高で5・9kgまで愛車を軽くしたことがあったが、いろんな問題に直面した。剛性不足で進まなかったり、カーボン製ブレーキのワイヤーをしめる部分にクラック(ひび)が入ってしまったり、フレームにもクラックが入った経験もある。そして結局タイムも伸びなかった。

軽量パーツはやはりデリケートだ。

特にカーボンレールのサドルがもっとも危険だ。トルクスレンチを使って恐る恐る締めるのだが、締め過ぎてピキッといったら数万円がおじゃん。だから、きちんと締めきれず、ダンシングから座るときや、段差に乗り上げたときなど、ちょっとした振動であらぬ方向を向いてしまうことがある。

以前、富士あざみラインを試走中、激坂区間で思いっきり軽量サドルの後部に座った途端、サドルの前がキュッと上がってしまった。走りながら頑張ってサドルの前に座って、サドルの角度を元に戻そうとしたが、無理だった。

肛門にサドルが刺さったまま激坂に耐えるという地獄に陥り、いろんな意味でつらかったが、これが試走中のできごとで本当に良かった。肛門にサドルが刺さり悶絶している中年が全国放送されたらそれこそ悲劇だ。

番組に具志堅用高《ぐしけんようこう》さんやレイザーラモンHGさんが出演したときもサドルが刺さり悶絶していた。具志堅さんにチャンプの威厳はなかったし、HGさんはハードゲイ……ハマり過ぎて笑えなかった。

とにかく**「軽量化」という響きには甘〜い誘惑のようなものがある。**「軽量○○」と聞くと、昆虫が街灯にふわふわと吸い寄せられていくように、ついつい近寄りたくなってしまう魔力を持っているし、**こういう悲喜こもごもは、機材スポーツならではの楽しみ**でもある。

憧れの初乗鞍は変速なしのママチャリで

そんな**自転車の「機材スポーツぶり」をぶっ飛ばしてしまった経験がある。**それは初めて乗鞍に挑戦したときだ。

今となっては毎年「マウンテンサイクリングin乗鞍」に出場している私だが、実は**初めて上ったのは大会ではなく、自転車も変速ギアなしのレンタサイクル**だった。

2014年のこと。たまたま家族で紅葉狩りに行った先で、そこから乗鞍が近いことを知ってしまったのだ。**憧れの乗鞍……服装はジーンズに革靴だった**が、私は湧き上がる衝動を抑えられなかった。

急いで乗鞍へ向かう。

着いたときには15時を過ぎていた。三本滝のゲートが閉まるのが18時……しかし下山も含め3時間あれば行けるだろう！　レンタル屋さんには頂上に行くことは告げず、ペットボトル1本をカゴに放り込みいざ出発！

三本滝までは勾配が緩いため、漕ぐ速さもサイクリングペース。紅葉の美しさも感じられる。ここをトップ選手は時速30㎞近いスピードで駆け抜けるというのか!?　想像するだけでテンションが上がる。

三本滝に着き、ゲートのおじさんにどこまで行くの？　と声をかけられる。「頂上ですっ！」と言うと、笑いながら「無理だべぇ〜」と言われた。

無理なものか！　坂バカを舐めてはいけない。

スキー場辺りから勾配がキツくなり、立ち漕ぎを強いられる。革靴が滑り漕ぎづらい……がしかし、これが楽しくてしょうがない。

私は今、テレビで観た憧れの乗鞍を走っているのだ！

旧コンクリート坂辺りは勾配が20％を超えるため、さすがに蛇行になる。でも何としても脚は付かない。それは坂バカにとって屈辱を意味するからだ。

下山する路線バスの運転手がバカじゃないのか？　という表情ですれ違う。ああバカですよ。しかし**シティサイクルで乗鞍を上っているバカさ加減**が楽しくてしょうがない。

誰もいない秋の乗鞍の道をひたすら上る。さすがに何の変化も起きないので、思いっきり声に出して笑ってみたが、自分の狂気ぶりにドン引きしてしまった。

位ヶ原を過ぎいよいよ高所区間へ！　ここで試練が待ち受ける。

季節は10月……そう、寒さだ！　パーカにウィンドブレーカーで、もちろんグローブも

シティサイクルで乗鞍を制覇！〔写真提供：著者〕

していない……猛烈に寒くなってきた。心拍を上げて温まりたいが、ギアがないためペダルを回せず、心拍を上げられない。しかし引き返す気にはまったくなれない。

頂上はすぐそこだ！

これがエベレストなら私は完全に凍死していただろう。**登山家なら失格だが、坂バカとしては合格だ。**

初めての4号カーブを曲がり勾配も緩くなる。大雪渓前で工事をしていた人たちが「あんちゃんやるねぇ〜」と拍手で迎えてくれた。**最高に楽しい！** そしてついに私は、何度も雑誌やテレビで観てきた「岐阜県」の看板を目にすることができた。

初めて乗鞍をやっつけた！　しかもレンタサイクルで。**こんなに楽しいヒルクライムは初めてだ。**　1時間56分のエクスタシーだった。

自転車は軽いに越したことがないし、変速ギアなどの機材によってもまったく変わる。しかしそんなことはどうでもいいくらい楽しかった。

下山は指が千切れるほど寒かったが登頂した満足感が勝る。

ゲートのおじさんに登頂を告げると信じられないという表情。坂バカを舐めてはいけない。レンタサイクルを返却し、改めて遥か彼方の乗鞍岳を見上げる。あそこまで行ったんだ……充足感に包まれる。

宿に帰り温泉に入った時の幸せは忘れられない。これだから坂バカはやめられないのだ。

あれから私は、乗鞍レンタサイクルアタックを周りに勧めているが、誰も挑戦していない。あなたも挑戦してみてはいかがだろうか？　楽しいことは保証します。

ちなみに乗鞍ではマウンテンバイクのレンタルもあるが、楽しさ（＝バカさ加減）が半減するのでシティサイクルでのアタックをお勧めする。

5 多忙で知る

二兎を追え！あきらめたとき夢は潰える。

仕事とトレーニングの両立は可能か

俳優業と自転車の両立というのは、実はとても難しい。まず仕事があまりにも不規則なため、トレーニングのルーティンが作りにくい。そして俳優は役になりきるのが仕事であり、役になりきるには身も心も120%、役と作品に捧げる必要がある。つまり**役を演じながらペダリングのことは考えられない**のだ。少なくとも私はそういう不器用なタイプの俳優だ。

しかし番組で坂バカ俳優としてやっている以上、上位を目指さなければならない。だから日常を役に捧げつつ、役を離れてよい時間を捻出し、通勤やローラーで何とかポテンシャルを保たなければならない。**仕事もしたいが速くもなりたい……**このジレンマと闘うことができる者だけが、「坂バカ俳優」としてやっていけるのだ。

とまぁ、もっともらしいことを言っているが、暇なときもある。そんなときは思う存分自転車に乗れるし、ゆっくりとポテンシャルは上がり始める。しかし再び撮影が入るとポテンシャルは自ずと下がる。このくり返しだ。

私はつくづく想うのだが、**自転車は乗れば乗るほど強くなる。**もちろん乗りかた（強度）にもよるが、「走行距離＝強い」と信じている。**つまりだ……「速い俳優＝売れてな**

い俳優」……ということになる。

これはとても複雑だ。

私が速くなったら、それは売れていないことを意味してしまう。番組で「目標は表彰台だ！」と叫んでいるが、それが叶った瞬間、私は自ら売れていない俳優だと証明するようなものだ。売れているにもかかわらず自転車が速い俳優！　私の目指す最終形なのだが、道のりはかなり険しい。

ドラマ撮影現場にスタッフが自転車を用意してくれていた〔写真提供：著者〕

そんな悩める坂バカ俳優の私を、俳優仲間は温かく見守ってくれている。事務所の先輩の西田敏行氏も「『チャリダー★』におけるお前の立ち位置良いよ！　面白い！」「お前坂バカ！　オレ釣りバカ！」と誉めてくれた。とてもありがたいのだが、『チャリダー★』は先輩がナレーションを務める番組『人生の楽園』の裏番組だということを、ご本人はまだ知らない。このまま知らないでいてほしい。

「坂バカ俳優」というからには**私の本業は俳優**だ。

俳優をしながら坂バカを続けるのは難しいことではない。しかし、レースで結果を残さなければならないとなると、これがなかなか難しい。なぜなら俳優業はまったくもって先が読めない不規則な職業。いったんドラマの撮影などがスタートすると、トレーニングのルーティンが組みづらくなるのだ。

ロケ先でレンタサイクルにすがる

2017年のシーズンは比較的スケジュールが安定し（まぁ言ってしまえば暇だったので）、走行距離を稼ぐことができた。おかげで心肺機能は高まり、好調のままシーズンに入ることができた。〝マイ坂〟の一つである和田峠（距離3・5㎞、平均勾配10・4％）でも念願16分台を出すことができて、いよいよ表彰台か?!　と思われた。

しかしその幻想は、マネージャーからの1本の電話で脆くも崩れ去る。

「来月はドラマで2週間宮崎に行ってもらいます」

2週間だ……2週間も自転車に乗れない。

和田峠で念願の 16 分台に〔写真提供：著者〕

これが何を意味するかおわかりになるだろうか。

コンディションというものは上げるのは大変だが、失うのは一瞬なのだ。

私は宮崎の**ホテルのレンタサイクルで狂ったように毎日疾走したが、帰京したときには好調時の心拍機能はどこかへ消え失せていた。**

筋力はわりとすぐに元に戻るのだが、いちど落ちた心肺機能やスタミナというものはなかなか元に戻らない。元に戻そうと焦って追い込むと疲労がたまり、ある日突然心拍を上げられなくなる。負のスパイラルだ。耐え難いことだが、仕事なのだから仕方ない。坂バカ俳優の運命だ。

乗鞍2日前に芝居論で号泣

そしてあまり知られていないが、ドラマの撮影というのはかなりのハードワークだ。スケジュールやセットの都合で朝から晩まで1日に何シーンも撮影することが多い。

普通のドラマの撮影ならまだしも、私が共演することが多い事務所の先輩、西田敏行氏はアドリブが多いことで有名。覚えたセリフを言えば良いというわけにはいかない。本番で突然とんでもないことを言うときもある。もちろん上手く返さないといけない。普通の撮影より何倍もの集中力とセンスが必要になり、仕事のTSS（トレーニング・ストレス・スコア：トレーニングでどれだけ体に負担がかかったかを数値化した指標）は急上昇する。

そして撮影が終わるとステージを居酒屋へと移し、その日の撮影を振り返る。

あれは忘れもしない2015年、初めての乗鞍ヒルクライム挑戦の前々日のことだった。いつものようにドラマの撮影を終えて先輩から飲みのお誘いをいただいた。乗鞍の2日前だが先輩のお誘いは絶対だ。これも坂バカ俳優の運命だ。

だいぶお酒も進んだ頃にその日の芝居の話になった。

大先輩からのありがたい御言葉、普段ならありがたく拝聴するのだが、**その夜の私は乗鞍2日前のプレッシャーからか悪酔いしたら**しく、なぜか大先輩に対して口答えをしてしまった。

先輩は少し驚いた様子だったが、芝居のディスカッションが大好きな方だ。芝居論はかなり白熱。最終的に私は見事に論破され、先輩に口答えした不甲斐なさから居酒屋で号泣するという大失態を演じてしまった。

乗鞍2日前に俺は何をやっているのだ。自分が酷くちっぽけな存在に思えた。

励まされて立ち上がる

しかし乗鞍は待ってはくれない！

翌朝、**ボロボロのメンタルと二日酔い**のまま特急あずさに飛び乗った。気持ちを切り替えてレース前日の会場ロケに臨むが、昨夜の失態が甦り、涙でメガネが曇る。こんな状態で明日のレースはどうなるのだろうか？

この年の目標は上位10％に入ること……。

到底成し遂げられる心持ちではないと絶望していると、一人の坂バカさんが「猪野さん一緒に写真撮ってください」と言ってきた。断る理由なんてなく、一緒に撮っていると、次から次へと写真撮影を求められるではないか！　気がつくと写真撮影の長蛇の列ができていた。乗鞍ガールより長い列だ！

そして皆さん口々に「猪野さん応援してます！」「猪野さんにいつもパワーもらってます」「猪野さんいつも明るくていいですね！」と励ましの言葉をくれるではないか。

そのとき、まさにパワーをもらっているのは私のほうだった。

ドン底にあった私の心はむくむくと起き上がり、何だかわけのわからない熱いものが込み上げてきて、いつもの〝バカさ加減〟が戻ってきた！

坂バカは坂バカを救うのだ。

そして乗鞍に来ていた坂バカの皆様の温かい御言葉のおかげで、私は翌日のレースで上位10％50位内に入るというその年の目標を見事に達成することができた。

乗鞍が終わり、再びドラマの撮影で先輩と再会したときに恐る恐る先日の非礼を詫びた。するとと先輩は「芝居には、あぁいうディスカッションは必要だよな」と温かく微笑んでくれた。涙が出るほど嬉しかった。

何の因果か、偉大な先輩の近くで演じさせていただけるのも俳優としての私の運命なのだろうか？　いつかその意味がわかる日が来るのだろうか？　坂バカ俳優の旅は続く。

6 筋肉を知る

案ずるよりトライ! 結果、後悔したとしても。

正解がわからないときどうする？

今回は、私を地獄へ叩き落とした筋トレのことを書かせていただこうと思う。

自転車競技において、筋トレは必要か否か？　たびたび議論になることがある。

私はプロを含め様々なサイクリストに出会う機会があるので、事あるごとに筋トレをしているか個人的にアンケートをとってきた。しかしあまり肯定的な答えは返ってこない。

「筋トレはするが、しても体幹を鍛えるコアトレーニング」「まったくしない」「自転車に必要な筋肉は自転車の上でしか養えない」等々。

それならば自分で試すしかない。成績も頭打ち伸び悩んでいることだし、身をもって実験しようではないか！　と、自ら立ち上がった。


さっそく近所のジムと契約した。たくさんのマシンを前にテンションが上がった私は、下半身だけでなく全身を鍛えないとバランスが悪いと思い、上半身も鍛えることに。

そして背筋を鍛えているときにそれは起こった。

勢いよく上げた瞬間「グキッ」と音がして、私の筋トレはあえなく終了。お察しの通り、ギックリ腰だ。おかげでそのシーズンは腰痛のまま自転車に乗り続けるという散々な思いをした。

シーズンも終わり、ぼんやりテレビを観ていると、イケメンオランダ人選手が金髪をなびかせながら、フルスクワットでバーベルを力強く上げている姿が目に飛び込んできた(後にわかったが彼はトラック競技の選手だった)。

「これだ！　男は黙ってフルスクワットだ！」

またもや〝筋トレ欲〟が燃え始めた。私は名前に反し、決して学ばない男なのだ。しかしまた腰をやっては意味がないので細心の注意を払う。もちろん背筋はもうしない。恐らく一生することはないだろう。

動画などを見ながら勉強し、さっそく始めてみる。最初は30kgを上げるのがやっとだったが、続けていくと脚がどんどん太くなり始め、自分の体重くらいは楽に上げられるようになってきた。鏡に映る美しく隆起する自分の大腿四頭筋にうっとりする。

しかし、しかしだ。脚が太くなったわりに、自転車に乗ってみると重いギアを踏める感覚があまりない。これはどういうことか？

からだには全体での調和がある

『チャリダー★』の収録時、〝ドクター竹谷〟こと竹谷賢二さんに聞いてみた。

ドクター曰く、**「自転車の筋トレの場合は負荷をかける角度と速度が大切」**だという。ペダルが上死点（クランクで回転力が発生しないもっとも高い地点）になるときの足の角度、そしてトルクをかけるときの速度。「ペダルにトルクがかかるのは一瞬なんです」と。「だから**重い負荷をゆっくり持ち上げるより、軽めの負荷で早くくり返すほうが効果的**かもしれませんね」とアドバイスしてくれた。何とも理にかなっている。最初から聞いておけば良かった。

ドクターに教えてもらったように軽めの負荷で速くくり返すトレーニングを取り入れたところ、上死点でトルクがかかる感覚が掴めたのか1枚重いギアを回せるようになってきた。

ちょうどいい具合に、獲得標高を稼ぎまくる『チャリダー★』の「坂バカ遠足」のロケが近い。「これはいい機会だ！　強化された脚で、皆をあっと言わそうではないか！」と意気揚々とロケ地の長野県飯田市に赴いた。

さっそく1本目の名もなき激坂をいただく。しかし少し経つと腰に違和感を覚えだした。2本目3本目になるとさらに痛くなってまったくペダルを踏めなくなり、皆にコテンパンにやられた地獄のロケとなってしまったのだ。

以前、『チャリダー★』の「おさらば腰痛スペシャル」で**腰痛は大臀筋《だいでんきん》などの腰周りの疲労から発症する**と学んでいた。

何ということだ……**強靭な脚はできたが、腰周りの筋肉は悲鳴をあげていた**のだ。

整体などに行ってケアをしているが、今でも20分も上り続けると腰痛が発症してしまう。筋トレによって腰に問題を抱えてしまったわけだが、短い坂だと明らかに踏めて出力は上がっているし、前側の筋肉を使ったペダリングもできるようになって平地での巡航速度も上がった。マイナスだけではない、と思いたい。

自転車競技における筋トレは非常に奥が深いが、**やり方によっては効果的**だと、私は確信を得た。

あなたの脚にもまだ覚醒していない〝お宝筋肉〟が埋まっているかもしれない。それを叩き起こすか否かはあなた次第。**筋トレ——サイクリストにとってそれはやり方次第で地獄に堕ちるか、天国へ誘われるか、諸刃のトレーニング**なのだ。

7 意識を知る

すべて吹っ飛ばせ！ほんとうにつらい時の処しかた。

日々のローラートレーニングでいちばんつらいのが、変化がないことだ。景色もない、勾配変化もない。この変化がまったくないのが本当につらい。苦しさを紛らわすことができないからだ。

皆様に、この苦しさとどうやって向き合っているのか聞いてみると、楽しいことを考える人、美味しい食べ物のことを考える人、自転車と会話を始める人、ひたすらエロいことを考える人と様々。

だがしかし、泣く子も黙る第1回富士ヒルチャンプ筧《かけい》五郎さんに教えていただいた地獄ローラー練をしながら思い直す。

やはり苦しいものは苦しい。

私にはこの苦しみを紛らわすことなんてできやしない……できやしない……できるわけがない……。

意識がフッと遠のいたそのとき！　私はひらめいた。

もう楽しいことやエロいことすら考えない！

意識ごと吹っ飛ばす作戦を思いついたのだ。

もちろん真っ直ぐ走らなきゃいけないし、ペダリングやフォームも意識しなきゃいけないから本当に意識をなくすわけではない。必要なことは意識しながらも、あとは頭を空っぽにしてしまうのだ。

この作戦は素晴らしかった。

うまくいけば脳内に変な快楽物質が出て、「苦しいんだけど物凄く気持ちが良い、わけのわからない」状態まで持っていける。さすが〝アイドル〟五郎さんのローラー練だ。私はいろんなことに気づかせていただいた。


しかしこの〝意識飛ばし〟は、お勧めできないところもある。なぜなら、意識を飛ばしている最中は鼻や口から液体という液体が流れ出てしまうのだ。

番組スタッフによれば、この瞬間の私はへんな笑顔になっているらしい。笑いながらいろんな液体が噴き出ている40代男性……。

冷静に考えれば人として失格だが、坂バカ的には最高のコンディション。どちらを取るか悩ましいところだ。

レース中、私が変に笑っていたら、「ああ、〝意識飛ばし〟をやってるんだな」と思って、流れ出る液体に関してはご容赦ください。

8 老いを知る

目をそむけるな！数字は現実を教えてくれる。

夢と現実と無酸素が渦巻く場所で

数字は現実だ……時にそれは人を地獄へと叩き落とし、時に歓喜へと導く。

我々サイクリストはサイコン（サイクルコンピューター）が示すパワーや心拍数といった数字に翻弄され縛られる生き物だ。中でも自分の今の実力の指標となるのが、「**FTP**」（1時間の最大平均出力）や「**VO2MAX**」（最大酸素摂取量）。

「FTP」は手軽にローラーでも計測できる。しかしVO2MAXとなるとそうはいかない。**VO2MAXとは吸い込んだ酸素をどれだけ体内に取り込めるかを示す数値。この値が高いと持久力がありヒルクライムが速いという証**になる！　坂バカにとってはどうしても知りたい数値なのだ。

坂バカの願いを叶えてくれる番組！　それが『チャリダー★』。自転車界の虎の穴、競輪学校（日本競輪選手養成所）への潜入取材の許可がおりたのだ。

競輪学校にはVO2MAXやペダリング効率を計測できる装置がある。

「坂バカとして自分の能力を知ることができる！」私は意気揚々と競輪学校がある伊豆・修善寺へと赴いた。

選ばれた者しか入れない禁断の地に足を踏み入れる。

当日は雨のせいか静かで閑散としていた。しかしある小屋に近づくと、中から「ハァハァ」という声が聞こえてくる。恐る恐るのぞいてみると、20人くらいの女子が3本ローラーで一斉にもがいているではないか！　何という光景だ！


小屋の中には夢と現実と無酸素状態が混沌としている。


まさに彼女たちは今、夢の途中なのだ。青春……甘酸っぱい響き、私にもかつてそんな時代があった。

ノスタルジーに浸っている場合ではない、目的はＶＯ２ＭＡＸだ。

校内をさらに進むと、何やら実験室のような場所が現れた。ここが泣く子も黙る「運動機能総合測定室」だ。そこには白衣を着た博士のような方の姿があった。生徒たちを日々鍛え上げている田畑昭秀先生だ。穏やかで物静かな方だが、この測定室で涙する生徒も少なくないという。

この時、私のデータと比較するために「ＶＯ２ＭＡＸが高い」とされる人に来ていただいた。筧五郎氏だ。思えばこのときが初共演だった。

まずは二人の身体測定からスタート。

何と背筋や握力や肺活量では私のほうが上回っていた。これはどういうことだ？　そしていよいよ自転車での計測。まずはペダリング効率から計る。

1回目は63・5％。ここで田畑先生から助言をいただいた。

「猪野さんは踏みつけが強いので、下死点に来たときに靴の底のガムを剥がすイメージで漕ぐとペダリングがスムーズになる」とのこと。

試しにやってみると2回目は67・8％と向上した。**少しの意識で大きく変化する**のも自転車競技の醍醐味だ。

あきらめなければ青春は続く

そしていよいよVO2MAXの計測。とにかく苦しいと聞いていたので覚悟を決める。10分間、徐々にスピードを上げていき、計測する。時速36～38～40～42～44㎞と2分ごとに上げていく。口には戦闘機のパイロットのようなマスクを装着（これがまた苦しい）！

そしていざ計測スタート！

最初は穏やかに始まった……しかし時速38㎞を超えたあたりから徐々に苦しくなる。40㎞を過ぎると呼吸は乱れ始め、42㎞になるとフォームやペダリングは乱れに乱れ、ど

坂バカ界のムードメイカー筧五郎さんと〔写真提供：著者〕

んちゃん騒ぎだ！　**とにかく猛烈に苦しい。**

そして最後の2分！　時速44㎞に入った途端に酸素が足りなくなり、意識が遠のいていく……。

ふと気づくと**私はきれいな菜の花畑にいた……。**

「おかしい。私は今、VO2MAXを計測しているはずだ……。遠くで鐘の音が鳴っていて誰か叫んでいる、『ラスト1分！』と……。え？　ラスト1分⁇」

……と同時に私の意識は測定室に舞い戻った。

危ない！

〝彼方の世界〟に逝くところだった！

最後の1分は少し落として計測終了。**結果は何と58・7㎖！　40代の男性平均値が35㎖**だから満足のいく結果だ。

これは競輪学校の生徒さんとほぼ同じ数値らしい。

そしてお次は五郎さんの計測がスタート！　私と違い、淡々と余裕そうだ。しかし最後の2分はさすがに苦しそう！　しかしフォームもペダリングもきれいなのはさすがだ。私はトップ選手の〝きれいなまま追い込む姿〟を目の当たりにし、感動した。

結果は何とか69・0㎖！　プロレベルの数値だった。

私のVO2MAXはまだ上がるものなのか、先生に聞いてみた。

すると先生は遠くを見るような眼差しで「**上がります……しかし時間はかかると思います**」とおっしゃった。何とも的確な表現だ。

あまり時間をかけ過ぎても「老い」というやつがやって来る。

しかしどんなに老いても表彰台を目指し、夢を追い掛けたいものだ。

いくつになっても夢をあきらめなければ、それは青春と言えるのかもしれない……。

そう、私は今夢の途中……青春真っただ中なのだ。

第3章

［レース出場篇］

本番の舞台があれば、大きく成長できる

1 富士山国際ヒルクライム

恋人アザミにのめり込んだ初レース。

発想を転換すれば世界が変わる

坂バカなら誰もが持っているのが行きつけの坂、〝マイ坂〟だ。

それは**人生においてかけがえのないパートナー、いわば恋人のようなもの**だ。

私にもそんな恋人がいる。名前は「アザミ」という。

何とも可愛らしい名前だが、彼女は三つの顔を持つ恐ろしい女だ。「鳥の壁」までの3㎞。「馬返し」までの3㎞。そして馬返しからの地獄の5㎞。

ここまで書けばおわかりになる方もおられるだろう。そう、私の恋人（マイ坂）は、泣く子も黙る「ふじあざみライン」だ。

ふじあざみラインの最大の特徴は、何といっても最大勾配22％の馬返しだ。馬が引き返すからか、馬がひっくり返るからか知らないが、とにかくそれほどの激坂なのだ。

なので私は馬返し以降の5㎞はヒルクライムではなくシクロクロス（オフロードで行われる自転車競技）と解釈している。何しろ激坂過ぎて普通のフォームやペダリングでは上ることができない、**違う種目と心得たほうが良い**のだ。

そんなあざみラインで行われるレースがある。「富士山国際ヒルクライム」だ。富士山といえばスバルラインで開催されるマンモスヒルクライム、「Mt．富士ヒルクライム」通称「富士ヒル」が有名だが、なぜか私は毎年あざみラインの富士山国際のほうに出てしまう。それは私が初めて出場したヒルクライムだからだ。

恥辱のレーパン事件

あれは2009年……。私がここまでヒルクライムにのめり込むきっかけとなった初出場のレース。到底受け入れることのできない様々なおかしい現象を目の当たりにした。

当時、まったく経験のない私はスタート最前列に並んだ。今思えばかなり生意気だ。ジャージはネットで上下5000円で買った「チームCSC」のレプリカジャージ。5000円だからビブではなく、穿くだけのパンツ。これが後に悲劇を生むことになる。

スタートの合図とともに初ヒルクライムがスタート！　すぐに3番手くらいにつける。なかなかの位置どりに顔がニヤける。しかし次の瞬間、後方からもの凄い勢いで抜いていく選手たち！　こんなに実力差があるものなのかと、いきなり洗礼を受ける。

するとドーンドーンと花火が上がり始めた。さすが国際ヒルクライムと名乗るだけあって豪華な演出だ。しかしよく見ると隣で自衛隊が射撃訓練で派手に大砲を撃っている。そのうちマシンガンをバリバリバリ！　と撃ち出した。うるさくてペダリングに集中できない！　まるで戦場を走っているかのようだ。しかし彼らも国防のために頑張っているのだ！　祝砲と受け止め、先を急ぐ。

戦場区間を抜け静寂が訪れると、**いよいよ魔の馬返しへ……**。激坂が脚を削り（脚を消耗させ）、みるみる失速する。そのとき**腰の辺りが妙に涼しい**ことに気づく。何と激坂で前重心になり過ぎてレーパンがずり落ち、**お尻が丸出しになっているではないか！**　すぐさま直そうとハンドルから手を離すが、激坂過ぎて落車しそうで直すことができない。

遠くに富士山〔写真提供：著者〕

みんなおかしい、私もおかしい

そうこうしているうちに、先にスタートした女子選手に追いついた。そこでまた信じられない光景を見る。彼女は右手

ビブではなく安いパンツの着用でお尻がピンチ
〔写真提供：著者〕

に自転車を担ぎ、左手にシューズを持ち、靴下で激坂を走っている。何だこれは……**白いレーパンに白ソックスだから三社祭《さんじゃまつり》のようだ。**顔を覗くと「担いでますけど、何か？」と言わんばかりに睨み返された。彼女はこの区間は下りて走るとあらかじめ決めていたのだろう……。すいませんと小さく呟く。

私は臀部を露出した状態なので早く彼女をパスしたいのだが、なぜか彼女は真っ赤な顔をして私のお尻を追い掛けてきた。恐怖以外の何物でもない！

猛烈に心拍を上げ、何とか〝御神輿《おみこし》女〟から逃げることに成功すると、今度は後方から上下サッカーのフランス代表のユニフォームを着た鼻水だらだらのおじさんが抜いてくる……。さすがにサッカージャージには負けたくない！　お尻丸出し5000円のジャージで食らいつく。サッカージャージもお尻丸出しには負けたくないらしく、ふじあざみライン唯一の下り区間で猛烈に加速した。

しかしそこに見事に、アザミ名物「グレーチング」（鋼材を格子状に組んだ溝蓋）があり、フランス代表はタイヤをとられ見事に吹っ飛び富士の樹海の森へと消えた。

幸い、大事故には至らなかったようだが、アザミのグレーチングは霧で濡れていることが多いので要注意なのだ！

急に森が開け、空が見えてきたらゴールは近い。

最後のキツい右コーナーを上り、私のヒルクライムデビューは幕を閉じた。**様々な信じられないような珍事が相次いで起こった。**ヒルクライムとはこんなに色々なことが起こるものなのか？　実にショッキングで新鮮な体験だった（後にも先にもこんなおかしなレースはない）。

富士山五合目の澄んだ空気が身体を芯から浄化し、不思議な心地よさに包まれた。

我々坂バカを容赦なく捻り潰すアザミ。

彼女はいつでもあなたの挑戦を待っている。

不適な笑みを浮かべて。

2 きたかみ夏油高原ヒルクライム

あと一歩に迫った夏の思い出。

もっとも表彰台に近づいたあの日

夏がくれば思い出すレースがある。岩手県は北上市で開催された「きたかみ夏油《げとう》高原ヒルクライム」だ。それは**今までで、もっとも表彰台に近づけたレース**だった。

あれは2015年、好調だった私の目標はズバリ表彰台。

参加人数も年代別で122人とほどよく、「これは本当にいけるかも?」とスタッフを含め、誰もが思っていた。

意気揚々と夏油に乗り込む。

まずは初めてのコースを攻略するために強豪地元チームの教えを請うことに。お世話になるのは東北の強豪アマチュアチーム「Chicca? JiFUNiTA」(キッカジフニータ)だ。そこに私と同い年の佐藤公俊さんがいた。聞けば昨年は6位で今年は表彰台を狙っているらしい。早くもライバル出現だ!

佐藤さん曰く、夏油の特徴はスタート直後の長い直線。**普通のヒルクライムとはわけが違う**らしい。

それは試走してすぐわかった。いつまで走っても坂が現れない。延々とほぼ平坦の直線が続く。直線を抜けるとようやく坂が現れるのだが、1㎞くらいで終わり、何と今度は下り始めた。

ダウンヒルを終えるとようやく4㎞ほどのヒルクライムが始まる。ゴールはスキー場の駐車場。ここも平坦で、最後は激しいスプリントになるらしい。

表彰台を狙って意気込んでやって来たが、これはほぼロードレースではないか！ 現在『チャリダー★』では「ロードレース男子部」が盛り上がっているが、**平地に弱い私**には声すらかからなかった。私には不向きなコースだ。

佐藤さん曰く、最初の直線で集団に残らないと表彰台は難しいとのこと。悲壮感を漂わせていると、佐藤さんが「私に付いてくれれば大丈夫です」と言ってくれた。東北の人の温かさに素直に甘えることにする。

砂漠にオアシス！　坂バカに坂！

一夜明けて決戦の日、今日こそ上がれるかもしれない表彰台を目指しスタート！

いきなり時速40㎞を超えるスピードで直線を駆け抜ける集団！　必死で佐藤さんに食らい付くが、早くも最大心拍で苦しい！

道幅も狭く、先にスタートした選手たちが左側を占領し、ラインが限られる。

「これは危険だ！」との思いが頭をかすめた瞬間、佐藤さんとの距離が一瞬開く。

「しまった!!」

私は今まで数々のプロの方々に引き摺り回され学んできた。**ドラフティング効果はタイヤ擦れ擦れまで詰め寄らないと得られない。５㎝以上開くと途端に呼吸が苦しくなる。**ハスリ上等で引っ付くしかないのだ！

一瞬離れてしまった私の呼吸は乱れ始め、フォームも崩れ始める。あっという間に表彰台は小さく消え失せてしまった。

「今回は行けると思ったのに」と落胆しながら、一人で走っていると前方に見覚えのある光景が微笑んでいる。

「坂だ！」

砂漠にオアシス！　坂バカに坂！　ようやく念願の坂が現れた！

心の底から力が湧いてきて、平地で抜かれた選手たちを次々と抜き返す。坂だけは、そこそこ速い（はず）。

「まだ行ける！　ここから挽回だ！」

落胆が希望へと変わった瞬間だった。

ダウンヒルでまさかのオールアウト！

すると見慣れたブリヂストンアンカーのジャージを着た選手の姿が。この日、ゲストライダーで出走していたバルセロナ五輪日本代表の藤田晃三選手だ。憧れのクライマーだ。思わず「いつも拝見してます！」と声をかけた。しかし、このミーハー根性が私の運命を左右することになる。

坂が終わり、下りに差しかかる所で**何と藤田選手が私の前に出て、「下りは引きますよ」と言ってくれる**ではないか！

今日はついている！　ますます順位を挽回できるぞ！　と付かせてもらった。

しかし、これが猛烈なスピード！　下りなのにトルクをかけグイグイ踏んでゆく。

今度は離れるものかと、**元プロのダウンヒルに死に物狂いで食らい付く！**　下りが終わり、最後の坂が現れた所で「ここからは自力で」の言葉とともに藤田トレインは解散。

「よし！　ここからスキー場までの坂でさらに順位を上げて表彰台だ！」

しかし、しかしだ、なぜかまったく力が入らないではないか！

私は**藤田さんに付いて行くのに必死でオールアウト**〔疲労困憊〕**になってしまっていた**のだ。

またもや漂い出す絶望感。こうなれば、ひたすら回復を待つしかない。

すると思いのほか早く呼吸が落ち着いてきた。

「よし！ まだ行ける！ 今日の俺は行ける！」とあきらめずに踏み込み、得意な坂を駆け上がる。

そしていよいよ最後のスキー場区間へ。最後のスプリントに備え、ギアをアウターに上げた瞬間、**またもや試練が訪れた！**

今度はどういうわけか一向にアウターに入らない！ **ここに来てメカトラ**〔メカニックトラブル〕**だ！**

私は己の整備不良にもかかわらず、思わず全国放送でコンポーネントのメーカー名を汚い言葉で罵ってしまった……。インナートップでクルクル回すがまったくスプリントにならず、無様にゴール。希望と落胆に翻弄され続けたレースだった……。

ヒルクライムは努力を裏切らない

ゴールでは佐藤さんは3位には入ったようで、喜んでいた。これはせめて戦友の表彰台を祝わねばと表彰式に出るが、3位に佐藤さんの名前がコールされることはなかった……。

とある精神科医が言っていた、**期待するから落胆がある**のだと。

期待などしなければ、穏やかに暮らせるのだと……悟りの境地に入っていると、「優勝は佐藤公俊さん！」とコールされたではないかっ!? 3位どころか優勝していたのだ！

自分のことのように喜んでいると、司会者が「ちなみに**猪野さんは7位**でした！」と頼んでもいないのにコールしてくれた。

やった！　初めての10位以内だ！

悟りは吹き飛び、歓喜へと変わった。

不甲斐ないレース内容ではあったが、それなりに走れていたようだ。**人生は努力しても報われない理不尽なことが多い。**しかしヒルクライムにおいては、努力だけは裏切らない。オールアウトからの回復が早かったのも、日頃のインターバルトレーニングの賜物《たまもの》だ。

夏が来ると思い出す……どこまでも続く夏油の直線を。

努力していればきっと……。

業務用扇風機のスイッチを入れてベランダで調整中。最高のローラー環境だ〔写真提供：著者〕

そんな想いで今日も私はベランダで、夏の風物詩、業務用扇風機のスイッチを入れるのであった。

3 マウンテンサイクリング・in乗鞍

支えてくれる人には最高の結果を返すと誓う。

ヒルクライムでのアシストは意味があるのか？

年末になると今年一年を振り返り、今年はどこの山の自己ベストを更新できた！　とか、一つもできなかったとか、そんな会話に花が咲く。これは2017年のことである。

その年の私は、かろうじて一つだけ自己ベストを更新することができた。

唯一、聖地「マウンテンサイクリングin乗鞍」〔巻頭カラー写真参照〕でだけ、自己ベストを4分も更新することができたのだ。

『チャリダー★』の放送を観た方はご存じだと思うが、更新できたのには理由がある。坂バカ界のアイドル、筧五郎さんにペーサーになってもらったのだ。

私はこれまでヒルクライムに於いてのアシストは意味があるのか？　と疑問に思っていた。ツール・ド・フランスなどで山岳ステージになると、チーム スカイのミケル・ランダやミハウ・クフィアトコフスキーがエースのクリストファー・フルームを牽引しているが、ドラフティング効果のあまりない坂で本当に意味があるのだろうかと疑問だった。

これはいい機会だ！　人はアシストによって速く走れるのか、身をもって検証しようではないか！

五郎さんによると「コースを知り尽くしている僕に付いてくれれば、絶対自己ベストを更新できる」とのこと。注意点は急勾配では踏まず、勾配の緩い箇所で踏んでスピードに乗せるのが鉄則だという。坂で踏まないとは坂バカとしては矛盾していると思うが、**ペーサーの言うことは絶対**だ。

レース中は五郎さんとの**コミュニケーションを円滑にするために、ステムにベルを取り付けた。**ベルを**1回チ～ンと鳴らせば「順調」。2回チ～ンチ～ンと鳴らせば「キツい」。チンチンチンチンチンチンチン!! と連打したら「もう限界」**――という具合に、自分の状態をベルによって五郎さんに知らせるのだ。

名付けて!『チンチン大作戦!』……馬鹿げているようだが、心拍が限界に近い状態ではこのチンチン大作戦は効果的だと思われた。

70分だけ地獄を見るという覚悟

出場するのは健脚クライマーたちが集まる「チャンピオンクラス」。初めての参戦で、スタート地点はさぞかし物凄い緊張感に包まれるかと思いきや、選手たちは談笑し合うなど和やかなムードだった。しかし、その中でも一人、私の表情は硬い。

ペーサーがいるとはいえ、目標の1時間10分を切るには去年より6分も速く走らなくて

はならない。地獄が待っているのは間違いなかった。

そしてその年は某大手〝アミノ酸〟メーカーの企画も兼ねていた。何が何でも自己ベストを更新しなくてはならない理由を背負っていた。

「これから始まる70分だけ地獄を見よう」と心に誓う。そうしたら無事に年が越せるのだ。

そしてスタートの合図とともに地獄の門が開いた！　さすがはチャンピオンクラス、皆様乗り方が上手いから、スタート直後の慌ただしさがまったくない。ラインを乱さない、集団に慣れた〝大人の走り〟だ。

そうこうしていると最前列でスタートした五郎さんの背中が見えた。すかさず後ろに付き、**挨拶変わりに「チ〜ン」**と合図。**チンチン大作戦がスタート**した。

「チンチン大作戦」の敗北

スタートから7km地点にある一つめのチェックポイント「三本滝」までは、比較的勾配が緩いストレートが多い。

予言通り五郎さんは勾配が緩くなるとギアを上げ、踏む。**私も負けじと踏む**のだが、五郎さんとはトルクが違う。ケイデンスを上げて付いていくしかないのだが、これが予想以上にキツい。

明らかにオーバーペース。あっさり最大心拍へと導かれた。

五郎さんは坂になると強度を緩めてくれる。そこで脚を回復させたいのだが、**上りの強度にも付いていくのがやっと**だった。

「これが70分切りのペースなのか……」

私は**スタート直後からずっと最大心拍**で走っている。未知の領域。このままだと、後半にとんでもない〝鬼タレ様〟〔ひどくダレる状態〕がやって来るのではないか?

その時、脳裏に某大手アミノ酸メーカーの存在がよぎる。タレてしまったら自己ベストすら危うい。

私はすかさず「**チ〜ンチ〜ン**」と2回鳴らしてしまう。仕方なく五郎さんはペースを緩める。そして後方からどんどん抜かれてしまう。

これではミッション達成は難しいと思ったのか、五郎さんは抜かれていく集団に「これ何分ペース?」と聞き出した。すると「70分くらい!」との答えが返って来た。

五郎さんが叫ぶ。「猪野さん! この集団に乗って!」——。と言われても、これ以上自分のペースを見失うのが怖かった私はそれを拒否。

静寂の乗鞍の大自然の中で**「チンチンチンチンチンチンチンチン!!!!」**とベルの音が響く。

そのうちにベルを鳴らすのも煩わしくなり、**大声で「無理ーっ!!」と叫ぶ。**

こうして三本滝を通過する前に、**わずか十数分で「チンチン大作戦」はあえなく崩壊。**

そして70分トレインを逃した我々は路頭に迷うようにさまよい始めた。

「乗れ!」「乗らない!」の攻防

するとまた新たな集団が後方からやって来た。五郎さんはまた「これ何分ペース?」と聞く。すると「72、3分くらいですかね」という返事。

まだ自己ベストを出せるペースではないか!

五郎さんが叫ぶ。

「これには絶対乗れー!」

深夜の終電じゃあるまいし。駆け込み乗車なんてしたら……あとから〝鬼タレ様〟がやって来る。私はあっさりと終電を逃してしまった。

しかしだ! その頃になると再び脚が回り始めた。回復し始めたのだ! 初老の回復は遅い。クリスマスイブのピザの配達くらい遅い。回復したことにより難色の急勾配区間もやりすごすことができた。

冷泉小屋を過ぎた頃、また新たな集団が後方からやって来た。また五郎さんが聞くと、集団から信じられない言葉が返って来る。「70分後半くらいのペースですかね」と……。絶望とはこのことだ。**五郎の背中に動揺が見える。**70分後半ということは**前年より遅い**ということではないか！

しかし私は冷静に振り返る。明らかに前年よりは速いペースで上ってきたではないか。そんなはずはない！　五郎の背中に叫ぶ。

「ガセネタだ！　そんなわきゃねぇぞー！」

すると五郎が振り返った……。泣きそうな顔をしている。そして**小さく、「だよね」**と言った。

決して悲しませせない！

このとき、私の中に**怒りにも似たような妙な感情**が芽生えた。**私の不甲斐ない走りで五郎さんに悲しい思いをさせてしまっている……。**彼も私に自己新を出させる重圧を背負って走ってくれているのだ。

私は様々な重圧を頭から振り払い、猛然とケイデンスを上げた。

「もうどうにでもなれ！　タレるならタレろ！」

そして位ヶ原を通過し、乗鞍名物の〝低酸素区間〟へ。

実はこの辺りからの記憶がまったくない。後から五郎さんに聞いた話では、このへんから私は白目をむいていたそうだ。

最後のヘアピン4号カーブで誰かが言った、「森本さん獲りましたよ！」の声で意識が戻る。師匠は連覇か、弟子も頑張らねばと、勇気をもらう。

するとまた小さな集団が後方から訪れる。聞くと「70分前半のペースですよ、一緒に行きましょう！」と言うではないか。


このトレインだけは逃すものか！


必死に残っているすべてを捻り出し、ゴールの岐阜県境へと向かった。

ゴール後、すかさずサイコンを見る。

そこに表示されていた数字は「01：12：36」。

澄み渡る青空に、初老の雄叫びが響いた。70分切りは果たせなかったが、自己記録を4

ゴール後、五郎さんにもらったご褒美のみたらし団子。下山荷物にご褒美を忍ばせておく楽しみを教えてもらった〔写真提供：著者〕

分も更新することができた。しかしアシストのおかげで速く走れたのかどうかは、今になっても正直わからない。実際、五郎さんに付いていけなかったからだ。

しかし**目の前に目標があったおかげで余計なことを考えず、走りに集中することができた**のは確かだ。アシストはそういった意味で不可欠だとわかった。あの年穏やかに年末を過ごせたのも五郎さんのアシストのおかげだ。

ちなみに乗鞍での私のゼッケンは**365番**だった。**逆から読めば……五郎さん。**ありがとう。

第4章

［友情篇］

自身の限界は
他者の助けで乗り越える

1 同士に学ぶ

真の同類とは仲間でありライバルだ。

7人の坂バカと坂バカ遠足

私はこれまで「坂バカ」として、全国の坂バカたちと出会ってきた。その機会を与えてくれているのが、自転車情報番組『チャリダー★』での「坂バカだより」というコーナーだ。

文字通り、坂バカから挑戦状や坂紹介のお便りをいただき、挑戦者の〝マイ坂〟で戦うのだ。これまで出会った坂バカは、かれこれ10人以上にのぼる。

そんな坂バカが一堂に会し、遠足に行こうという夢のような企画が持ち上がった。題して、「坂バカ遠足」だ！

参加者は今まで出演いただいた、群馬の田中宏司さん、栃木の浦沼博さん、東京の鈴木慶太さん、横浜の高山信行さん、そして兵庫の米田大典さん――の計5人。

「遠足」という楽しそうなネーミングだが、二人の最強坂バカの参戦により「強度の高い遠足」となった。この二人とは、坂バカ界のアイドル筧五郎氏と、日本一の坂バカこと森本誠師匠だ。

場所は愛知県の奥三河、新城市。距離100㎞、獲得標高2500m、何と8本の峠を

坂を愛する仲間たちと〔写真提供：著者〕

攻める！　しかも、ただスピードを競うのでは面白くないので、今回は趣向を変えて**獲得標高を競う**ことになった。

「**誰よりも高く長く上った人が勝ち**」という、シンプルなルールなのだが、これがなかなか面白い。距離を稼ぐには誰よりも速く上り、おかわりするのがいちばん簡単だが……それ以外にも獲得標高を稼ぐセコい方法があるのだ。

意気揚々と遠足スタート！　1本目は名もなき峠、〝お目覚めの1本〟ということで皆様に大好物の激坂を召し上がっていただく。

坂バカの皆様を見ていて気がついたのだが、**驚いたことに全員が見事に笑っている**。坂バカは坂に行くと笑うのだ。

そんな中、誰よりも重いギアをのしの

し踏む黒い影が。〝山の神〟こと森本氏だ。

神様の朝の儀式なのか、低いケイデンスで驚くほど重いギアを踏んでいる。筋肉の隅々まで刺激を行き渡らせている感じだ。

山の神といえば高ケイデンスに耐え得る強靭な心肺機能の持ち主という印象だが、それだけでなく強靭な脚も持ち合わせている。まさに全能の神だ。

坂バカにとっての下り坂は人生のムダ？

大好きな坂が終わると必ず現れるのが下りだ。**坂バカにとって心拍の上がらない下りはただの時間の浪費。**冷えるし、ブレーキシューも減る。

「いいことなんてひとつもない！」ということで、下り専用バスを用意させていただいた。この配慮には皆様御満悦のようだ。

バスの車内では〝**坂バカトーク**〟**が炸裂**する。

どこの坂の勾配がヤバイと披露し合い、お互いの自転車の軽さを確認し合う。坂バカ恒例の儀式。そうこうしていると第2の坂、本宮山スカイラインが現れた。

この坂で驚異の登坂力を魅せたのが坂バカ界のレジェンド、高山信行さん（70歳）だ。

高山さんは表彰台独占は勿論、**70歳にして自己ベストを更新するという伝説の坂バカ。**私は調子が悪いとすぐ歳のせいにする傾向にあったが、高山さんのおかげで、**「速くなれない＝老い」という理論は通用しなくなってしまった。**

しかし今回は速さを競うわけではない。私が高山さんに勝つチャンスもあるのだ。私は頂上で高山さんがインタビューを受けている間に、こっそり〝おかわり〟し、獲得標高を稼いだ。

3本目と4本目の坂は、より楽しんでいただくために〝しばりくじ〟を用意した。タイヤ2気圧しばり、アウターしばり、ダンシングしばり、サドル2㎝下げしばり等々。

これらのしばりは決して楽ではない。中でもダンシングしばりはもっともつらい。以前14㎞の坂をダンシングだけで上ったら腰は完全にやられ、手の皮が剥け、大いに疲弊したというとっても恐ろしいしばりなのだ！

しかし坂バカの皆様はしばりの中でも決して手を抜かず、坂を攻め続ける。**坂バカは真面目で没頭しやすい**傾向にある。

第5の坂で途中結果の発表となる。**獲得標高第1位は2019m、何と私**であった！

私は皆様が坂に夢中になっている間に、途中で引き返してまた上って、こまめに標高を稼いでいたのだ。こういったズル賢さだけは長けているが、人生においてはあまり役にたたないし、女性にもモテない。まったくもって無駄な才能だ。

瞬殺の〝神業〟

そして最後！　第6の坂、川売《かおれ》の激坂！　ここで私は大逆転があるように、ある〝仕掛け〟を用意していた。その名も「サドンデスヒルクライム」だ。

ルールはジャンケンで勝った人から30秒おきにスタートする。そして最後にスタートする森本師匠に追い付かれた時点でアウト！　そこまでの標高しか獲得できないというわけだ。運命のスタート順を決めるのはジャンケン。言ってしまえばジャンケンに勝った人が圧倒的に標高を獲得できるのだ。

勘の鋭い読者の方はもうおわかりだろう。私はこういう勝負どころで見事に〝本領〟を発揮する。ジャンケンで見事に負けて後ろから2番目でスタートすることになった。しかしまだ勝負はわからない！　山の神だってここまですでに２０００ｍは上っている。さすがに疲労しているはずだ。１ｍでも標高を稼ぐ想いでスタートを切った。

思いのほか脚はまだ残っている！　２８０Ｗぐらいで踏み続けると、先にスタートした、東京は風張林道の坂バカ・鈴木さんに追いついた！　鈴木さんをパスするため、ラインを変えようと振り向いた……。その瞬間、真後ろに黒い影が……！　よく見ると色白で眼鏡をかけている……。

「嘘だ！　俺は信じない！　スタートして2分も経ってないぞ!!」

私は何の抵抗もできず、**あっさりと2分で山の神にぶち抜かれた。**

2分だ……ラーメンだってでき上がらない……。

ここまで**圧倒的な力の差を見せつけられると人間の思考は停止する。**私はこの後の記憶がない。獲得標高はたったの100mのみで、5位まで順位を落とした。こんな仕掛けを用意しなければ普通に優勝できたのに……。

山の神に抜かれず、最後まで上れたのは群馬の坂バカ・田中宏司さんただ一人。獲得標高は353mだった。

最後の第7の坂、鳳来寺山パークウェイでは、五郎さんと森本師匠のワンポイントレッスンのプレゼント。

五郎さんから「ペダルを踏み過ぎている」と指摘を受けた田中さんは、後に格段と速くなり、赤城山での表彰台に上ることになる。ペダリングは奥が深い。

そして獲得標高ナンバー1も、見事サドンデスヒルクライムを制覇した（というかジャンケンに勝った）田中宏司さん！　獲得標高は2809mだった。

こうして第1回坂バカ遠足は大盛況のうちに幕を閉じたのであった。

坂バカが滅びない限り、またこういう機会があるだろう……。

最近では番組宛に海外からのお便りが届くこともあるらしい。いつの日か「坂バカ・ザ・ワールド」を開催し、ゲストにアレハンドロ・バルベルデやヴィンチェンツォ・ニーバリを呼んでぶち抜かれたいと、**坂バカ妄想は尽きない**のであった。

2 神に学ぶ

憧れの存在とは
もはや生き様の
指針だ。

神との遭遇

サイクリストの皆様なら、「**森本誠**」という名前をご存じの方も多いだろう。そう、**我が師匠にして自他ともに認める「坂バカ日本一」**。**ヒルクライムをやる人間なら「山の神」と呼ぶ、森本誠選手だ。**

マウンテンサイクリングin乗鞍で8回優勝し、2016年の富士ヒル（Mt．富士ヒルクライム）ではコースレコードをマーク。その他にも数々の戦歴を誇る**坂バカたちの憧れ**である。

そんな森本師匠との出会いは、2010年の富士山国際ヒルクライムだった。

私はゴール地点の須走口《すばしりぐち》5合目でプロたちのゴールを待ち構えていた。初めて見る生のプロの走り……真っ黒に日焼けした屈強な身体の持ち主がもの凄いテンションでもがいて上ってくるに違いない。胸をときめかせたのを今でも覚えている。

先導バイクが見えた。いよいよプロのトップが現れるのだ。いったいどんな選手が見えてくるのか？

……しかし、**霧の奥から現れたのは……真っ白く細々としたお兄さん**だった。

目には、トップ選手たちが使っているカッコいいサングラスとかじゃなく、普通の四角い銀縁メガネ。特に呼吸が乱れるでもなく、まるで**悟りを開いた禅僧のような涼しげな表情**で通り過ぎていった。

何てこった。この人が日本のトップなのか。

それが私の「神との遭遇」だった。それから坂バカ友達との話題は森本師匠一色だった。**アマチュアなのにプロより速い……。それは痛快だったし、何よりビジュアルが素敵過ぎた。**色白、銀縁メガネ。私も目が悪ければ銀縁メガネにしたかった。

『チャリダー★』が番組として立ち上がると聞いたとき、まず思ったのは「坂バカ＝メガネ」というイメージだった。普通のメガネ姿で飄々《ひょうひょう》と走る**森本師匠の姿に、少しでも近づけようと思ったの**だ。スタッフも、メガネが曇ると「大変さ」が伝わるので良いと喜んでくれた。坂バカのメガネキャラは、実は森本師匠をモデルにしていたのである。

「俺のケツ筋、目覚めろ！」

それから数年経ち、番組で森本師匠と合宿をさせていただくことになった。その名は……「効率的坂バカ合宿」。東京大学出身の師匠だから、さぞかし理論的な内容なのかと期待して、三重へと向かった。

三重の山奥でロケ開始。青山高原山頂までの山岳コースだ。

師匠はシーズンオフで自転車に乗っていないと言うが、それでも猛烈に速い。私のヒヨコのような心拍はあっという間に最大値。

「これはしごいてもらえる！」

ますます期待は膨らむ。しかしだ。

師匠から出てくるコメントは「追い込めば心臓は大きくなりますよ！」とか「脂肪は百害あって一利なし！」とか「俺のケツ筋、目覚めろ！」とか、かなりファンキー。ぜんぜん理論的な感じではない。正直言って、相当なレベルで自身を追い込んでいること以外は、師匠の速さの秘密はよくわから

山の神こと森本誠氏と〔写真提供：著者〕

なかった。

聞けば、師匠の東大時代の研究内容は「稲ワラの有効活用について」だそうだ。ちゃんと論理的な論文を書いたのだろうか。ちょっと心配になってしまった。

神はなぜ神なのか

そして、師匠の速さの秘密をあばく前に、空からパラパラと来やがった。そしてどしゃ降り。

ロケが行われたのは12月下旬、師走。雨はどんどん酷くなり、我々は真冬というのに全身びしょ濡れに。寒いなんてもんじゃない。こんなのロケをしている場合ではない、師匠が風邪をひいたら大変だ。

その時、師匠が雄叫びをあげた。


「あーーーーーーーーーっ!!!」


これは放送に使われ、後に『チャリダー★』屈指の名シーンとなる。

私は寒さに震えながら、ふと思った。**師匠は純粋に走ることが楽しくて仕方ないのだ。**

キツければキツイほど、楽しくて仕方ないのだ。

ためしに師匠を激坂で追い抜いてみる。すると、嬉々として抜き返してくる。「猪野さん速いですね〜」と笑いながら。

そして私を抜いてしまうと、ふたたびスピードは落ちる。また抜き返すと、楽しそうに抜き返してくる。

コーナーの特徴を語るその顔がとてもピュアで楽しそうだ。こんな話、坂バカ以外には通じないに違いない。普通の人が聞いたら、師匠が何を嬉しがっているのかわからないに違いない。……その時私は気づいた。**この人は本当に坂が好きなのだと。どこまでもピュアに坂を愛することができる……これが「神」たる所以なのだ。**

しかしこのピュアさは、迷える子羊をドン底に叩き落としたりもする。

ある日、神はさらりとこんなことを言った。

「自転車競技は**95%はその人の資質**、持って生まれたもので決まりますからね、ペダリングやフォームといった**技術は残りの5%だけ**なんですよねぇ……」

おぉ神よ！　何とも夢も希望もない話ではありませんか⁉

そんなの大手芸能事務所に所属しなければ売れることはできないって言われているようなものです。神よ！　これはトップ中のトップ、そこまで極めた人たちに限っての話だと言ってください……。

さんざん三重の山を走り込んで宿へと戻った我々は、なぜか相部屋だった。

大物俳優との相部屋とはまたちょっと違う緊張感……私はなかなか寝付けなかった。となりの師匠は物音も立てずに横になっている。

私の肝っ玉は小せえなあ、このぐらいの緊張で寝られなくなっちゃうのか、と思いながら、朝を迎えた。

朝食を食べながら、師匠に「緊張して眠れませんでした」と言ったら、「猪野さんグーグーいびきかいてましたけどね」と言われた。

実は師匠、ほとんど眠れなかったらしい。**師匠も人間だった。**

ファンキーで邪気のないピュアな存在、それが私にとっての森本師匠、神なのです。これからも永遠にそんな神に翻弄され、憧れ続けるのです。
アーメン。

3 指導者に学ぶ

専門家には
ただ素直に
従ってみる。

言い訳は許さない超理論派

私が出演中の番組NHKBS『チャリダー★』で、視聴者の様々なお悩みに答えるのが、〝ドクター竹谷〟こと竹谷賢二氏だ。アテネオリンピックMTB日本代表で、現在も世界大会に出場する現役トライアスリートでもある。番組当初から私はその竹谷氏から指導を受けている。

ドクター竹谷は心身ともにトップアスリートだ。本人も言い訳を一切言わない代わりに、人の言い訳も聞かない。「舞台で1カ月自転車に乗れなくて」とか「腰を悪くして」とか言っても、まったく聞いてくれない。

そして「なぜダメだったのか?」「どこが悪いのか?」という問題点をとことん炙《あぶ》り出し、バッサリ裁かれる。

そんな番組スタジオでの**ドクター竹谷による総評を、私はひそかに「裁判」と呼んでいる。**

竹谷「検事」のチャリダー裁判。

〝ダメ出し百裂拳〟を受ける本人はけっこう凹んでいたりするのだが、視聴者からのお手紙によると、これがけっこう楽しいらしいから、気持ちはフクザツだ。

ドクターのすごいところは、厳しさだけではない。「骨盤は、立てた方がいいのか？寝かした方が良いのか？」などと質問すると、骨盤の形状説明から始まり、体幹、それに付随し連動する筋肉の動き、と延々と30分も続いてゆく。つまりは「いちばんのパフォーマンスを発揮できるフォームをとったときに、骨盤は立っている人もいれば寝ている人もいる」らしいのだが、**あまりに理論的**過ぎて途中から私は知恵熱が出る。**本当に頭が良いし、情熱の塊のような人**なのだ。

その**ドクター竹谷がまず最初に私に出した指示は、「フォーム修正」**だった。

当時の私は、体幹が使えず、肩に力が入ってしまっていた。おまけに、もがき出すと上半身が左右にブレてしまう。これがいくら指摘されても直らない。

ドクターの教えに背き、ブレていた時代

半年経っても直らない私のブレブレ走法は全国に知れ渡り、**レースに出ると「ブレてるよ！」とイジられる**現象が起こった。実を言うと、**ブレブレで走ることが「ムダ」だということが当時はよくわからなかった。**

激坂を走るとき、普通に漕いでもまったく進まないので、右のペダルを踏むときには右

脚に体重を乗せる。次に左のペダルを踏むので、左脚に体重を乗せる。これをくり返すと、上体は左右にブレるというわけだ。

体全体を使ってペダルを漕ぐ……これが悪いことなのだろうか？

ブレを直すために、番組は様々なトレーニングを計画してくれた。体幹トレーニングに始まり、ブレを客観的に見るトレーニング、などなど。**しかし直らなかった。そりゃそうだ、ブレないと速く走れないと心のどこかで思っているのだから、直るわけがない。**

番組の「ブレ克服プロジェクト」が始まって1年が経ち、ふたたび我が心のふるさと・ふじあざみラインを走るヒルクライムに挑戦することになった。

最大勾配は22%……ブレずに走って、自己ベストが出るわけがない。

思い余って、私はドクター竹谷の教えを完全忘却することにした。名付けて「何もかもフォゲット作戦」。……思い出すだけでお恥ずかしい次第だし、結果は先輩俳優の筒井道隆さんに惨敗した。

もう何にもわからない。私の脳内は「五里霧中」だった。

「自転車でついた癖は自転車から離れないと直らない」

そんな私の「半信半疑」をドクター竹谷は知っていたのだろうか。次に勧めてくれたのが、「SUP」（スタンドアップパドルボード）だった。

サーフボードの上に立ち、オールを漕いで進む競技。これはボードの上に立ってバランスをとるだけで、無意識に体幹が鍛えられる。

この「SUP」は私の心をぶっ壊した。この競技では、**体幹を使えないとお話にならないほど漕げない**のだ。

そしてその**SUPで掴んだ「体幹を軸にして漕ぐ」感覚を持って激坂を上ってみると……何とブレブレ時よりも速く走れた**のだった。

よく考えれば、走る時にブレている人なんて見たことがない。左右の脚に体重をかける時、上体をブラさずに体重は十分に乗る。そのことにようやく気付かされたのだ。

そんな私にドクターは優しくこう言った。

「自転車で身につけた癖は、自転車から離れないと直りませんからね」と……この辺りから、ようやく私はドクター竹谷を信じ始めた。番組が始まって、2年の時が経とうとしていた。

何度思い返しても、自分は不出来な生徒だと思う。そしてドクター竹谷は忍耐力と頭脳を持ち合わせた最高のコーチだとつくづく思う。

いつの日か、ドクター竹谷に表彰台に乗った姿を見せて、喜ばせたい。そして、あの**ドクターの能面のような恐ろしいダメ出しを卒業したい。**

そんな日を夢見て今日も心拍を上げるのです。

4仲間に学ぶ

いい仲間とは
真剣に楽しみ絆を
育む。

ファンライドに参加する

ファンライド。それは読んで字のごとく、誰もが楽しめるイベントだ。素晴らしい景色やその土地のグルメを満喫できて、初心者から上級者まで気軽に参加できる。

私もかつて、「グランフォンド八ヶ岳」というファンライドに参加したことがある。しかしそのときも八ヶ岳の激坂で火が付いてしまった私は数々のエイドをすべてすっ飛ばし、2位でゴールするという偉業（？）を成し遂げた。

念のために言っておくが**ファンライドは速さを競う競技ではない。**しかし楽しみ方は人それぞれ自由なのだ。

２０１７年は『チャリダー★』でもファンライドに参加した。淡路島を一周する「淡路島ロングライド１５０」だ。

淡路島は番組ＭＣの朝比奈彩さんの故郷。彼女にとってはまさに凱旋ライドなのだが、容赦なくハードルが高い挑戦となった。

今回のイベントでは同時に「チャリダー検定★４級」の試験も行う。

４級では１６０㎞を体の痛みや大きなペースの落ち込みなく走れるかをチェックする。

標準の制限時間は160kmで8時間だが、今回は交通量の多い区間もあるため、150kmで8時間となった。

今回は一般の参加者28人とともに、うじきつよしさんと朝比奈さんも挑戦した。私はというと、150kmは日常茶飯事なので、**受験者の〝基準〟として4級合格ラインを走ること**に。私より遅かったら不合格というわけだ。

「チャリダートレイン」で体力消耗

前日の台風の強風が残るなか、朝6時にスタート！　風は強いが追い風のため、序盤は快調に走る。

洲本市内に入ると朝比奈さんが昔バイトをしていたコンビニの店長や、高校の陸上部の顧問が次々と現れ、昔話に花が咲いた。しかし刻々と失われていく時間。

チャリダー検定の集団からもかなり遅れをとってしまった。そうこうしていると山岳地帯が現れた。淡路島南側は坂があると聞いていたが、何のことはない。緩い峠だ。

しかし大の坂嫌いの朝比奈さんは見事に失速する。応援し続けたいが、**私にも4級合格ラインを走る義務がある。**峠を終えた所で別れを告げ、遅れを取り戻すべく疾走する！

しかし南側の海岸線は猛烈な向かい風！　パワーメーターは260Wを表示しているのに

時速37㎞しか出ない。普通なら230W程度で出せる速度なのに。

しばらく一人で走って後ろを見ると、案の定「チャリダートレイン」ができていた。

この**チャリダートレインには2種類**ある。**「坂バカ」に戦いを挑み、名を上げようとする人たちによってできるトレイン**と、ただただ**テレビに映りたいトレイン**。今回私にカメラは付いていないので前者のトレインということになる。

やがて、背後から勢いよくアタックをかけ私に勝負を挑んで来る若者が現れた！　すかさず後ろに付く。しかしメーターを見ると時速35㎞……「おととい来やがれ！」と再び前に出る。

するとまた一人アタックが！　今度は時速33㎞、向かい風を舐めてはいけない。私は敢えて前に出るよう後続に促すが、誰も前に出ようとはしなかった。

結局鼻水だらだらで一人でチャリダートレインを引いてエイドに到着。

「猪野さん強いですねぇ」「いえいえ僕も死にそうでしたよ」と、社交辞令が交わされる〝チャリダーあるある〟で別れを告げた。

淡路島ロングライド当日〔写真提供：著者〕

「アワイチ」ナメてました！

エイドでは竹谷さんが検定受験者にクリニックを行っていた。工具を使ってポジションを修正したり大忙し。**教えているときの竹谷さんの生き生きとした顔を見ると、この方は本当に「自転車を教える愛」に溢れているなと心底感動する。**

すると、何と別れを告げたはずの朝比奈さんがエイドにやって来たではないか！ どうやら親切な方々に牽引してもらったらしい。アイドルは得だ。今すぐ出発すれば4級合格の可能性がまた出てくる。休憩したがる朝比奈さんを追い立てエイドを出発！

しかし本当の地獄はここからだった。

勾配15%を超える激坂が現れたのだ。しかも一つや二つではない。「**淡路島には激坂がない」なんてウソ**だった。

朝比奈さんはこの激坂で完全にとどめを刺され、脚を付いて歩き出してしまう。見るからにご機嫌斜め。4級合格どころか完走すら難しい状態だ。

これ以上一緒にいると怒りの矛先が私に向きそうなので、今生の別れを告げ、再び自分の任務に戻る。朝比奈さんの歩きに付き合っていたせいで集団から相当の遅れをとってしまった。何とか追い付きたいが、なかなか集団は見えない。山岳が終わっても厳しいアップダウンが続く。私は完全にアワイチをナメていた。

かっこいい〝助太刀侍〟たち

さらにここでスタッフから驚愕の事実を告げられた。**4級合格ラインでゴールするには残り40kmを70分で走らなければならない。**これはファビアン・カンチェラーラでも無理じゃないのか！　慌ててエイド名物オニオンスープを飲み干し、再スタートを切った。ここに来てまた猛烈な向かい風が吹き付けるが、何とか高強度を維持。**「坂バカ女子部」も合格した4級に監督が落ちるわけにはいかないのだ！**

ふと後ろを振り向くと、7人の侍に出て来そうな真っ黒に日焼けした年配のライダーが笑顔で「猪野さん！　ちょっと付かせてもらってもいいですか？」と言ってきた。私は事情を説明し、先頭交代を促した。

するとなんと「微力ながら助太刀致す！」と言い、前に出てくれた。これは有り難い！　速度を保ちつつ休むことができた。先頭交代をくり返すうちに助太刀侍は遥か後方に小さくなり、笑顔でこちらに手を振っていた。**何と気持ちの良い侍たちだろうか！**

「かたじけない」と心で呟き、先を急ぐ。

しばらくまた一人で走っていると、今度は大柄で屈強な若者が「いつも『チャリダー★』観てます！」と笑顔で付いて来た。

私はまたも事情を話し、ローテーションを要請した。すると「わかりました！　3回が限界だと思いますが」と力強く前に出てのしのしと重いギアで引いてくれるではないか！

何と言う自己犠牲だろうか。

その後も二人連れの地元の学生や見知らぬ人たちの協力により、向かい風の区間を信じられないスピードで駆け抜け、制限時間ギリギリでゴールすることができた。

ゴール後、一人へたり込んでいると、引いてくれた人たちも次々とゴール。

心から御礼を言い、健闘を称え合った。

皆「ヤバい巡航速度でしたね！」と子供のような笑顔。**改めて、ファンライドは色々な楽しみ方があるものだと感じた。**今回はエイドを楽しんだりする余裕はなかったが、皆さんの善意溢れるグルービングと疾走感を、忘れることはないだろう。

完走すら危ぶまれた朝比奈さんも、地元のチームの献身的な牽引により足切り30分前にゴール！「チャリダー★検定4級」も28人中15人が合格！

この日還暦を迎えたうじきさんも見事に合格を果たし、**番組としても実にハッピーエンドなファンライド**となったのであった。

めでたしめでたし。

5 プロたちに学ぶ

届かない相手には必死で食らい付いていく。

「いつかはプロと走ってみたい」という願い

「いつかはプロと走ってみたい」――自転車を始めた当初、「ツール・ド・フランス」をぼんやり観戦しながら思っていた。

一体どれくらい速いのだろう……どんなペダリングをしたら時速70㎞のスピードが出せるのだろうか……。

数年後、その夢が『チャリダー★』という番組に出会って、叶うことになろうとは思いもよらなかった。番組の企画でこれまで数々のプロライダーの方々と一緒に走らせてもらった。ロードに限らず、MTB、シクロクロス、トラック競技。皆様**それぞれに厳しい勝負の世界を勝ち上がってきた自信と、そしてこれからも勝ち続けなければならないという孤高の志を秘めている。**

意外かもしれないが、私がライドをともにした記念すべき一人目のプロライダーは、〝山の神〟こと森本誠師匠だ。

当時、師匠は「キャノンデール・チャンピオンシステム」に所属し、プロとして走っていた。チームメイトの澤田賢匠《けんしょう》選手とヤビツ峠でのフォーム改造ロケに来ていただいたのだ。この時は、私は背後からフォームをチェックしてもらっただけなので、プロの強度を目の当たりにすることはできなかった。それでもすこぶる嬉しかったのを覚えている。

プロとの壮絶なロケといえば新城幸也選手とのタイ合宿があるが、実はそれ以前にもプロの合宿にぶち込まれたことがある。

あれは忘れもしない2015年……。その年の集大成、「マウンテンサイクリングin乗鞍」を前に、ドラマの撮影が忙しくてなかなか練習時間が取れなかった私は、ついついスタッフに愚痴を漏らしてしまった。

「もうこうなったらどこかに隔離して（練習させて）くださいよ！」と――。

口は災いのもと。余計なことを口にするものではない。

本気にしたスタッフは〝乗鞍対策ロケ〟として、**宮澤崇史《たかし》監督率いる「リオモ・ベルマーレレーシングチーム」の長野合宿**に、私を2日間隔離したのだ。

この壮絶な隔離合宿の模様は……番組では3分くらいに凝縮して編集されていたので、実はあまり知られていない。

今回はこの合宿でのできごとを書かせていただく。

世界の〝宮澤ワールド〟全開のマンツーマン指導

季節は夏……。避暑地として名高い長野だが、その日はなぜか東京より暑い37度。おまけにドラマの撮影中だった私は日焼けができないため、アームカバーとレッグカバー装着の**ムレムレ状態で灼熱の長野を走る**ことになった。

メンバーは宮澤崇史監督を筆頭とする、才田《さいた》直人選手、小清水《こしみず》拓也選手、中里仁《まさる》選手とゴリゴリのプロ選手。コースは長野市内から白馬方面へ行き、山岳地帯を回って帰ってきて善光寺ゴールという160㎞だった。

そしてまったく内容を知らされないまま、強化合宿がスタートした。いきなり強度の高いプロの巡航が待っているのかと身構えていたが、宮澤監督は選手たちにインターバル練の指示を出し、先に行かせた。どうやら白馬までの峠道で選手たちはインターバルトレーニング、私にはマンツーマンのレッスンをしてくれるようだ。少しホッとしたが、**世界の宮澤さんとのマンツーマンレッスン。**緊張は隠せない。

まず最初に指導していただいたのが**骨盤の角度**だった。

「リオモ・ベルマーレ・レーシングチーム」（2015 年当時）の皆さんと長野で合宿することに……。嬉しさ半分、恐縮半分で挑んだ後の笑顔〔写真提供：著者〕

「骨盤を前に倒す（入れる）と脚が回りやすくなる角度がありますよね？ それを覚えてください」とのこと。これは目から鱗だった。

確かに腰を入れるというか、前に押すと脚がクルクル回る角度があるのだ。

そしてさらに**ペダリング**。**ペダルは踏むのではなく、自分の体重をうまく使う**のだという。

「体重は無限です。体重は一生かかり続けます。立っているとき、地面を押しているわけではないですよね？ 死ぬまで体重はかかり続けますよね？ **体重は使いたい放題**なんですよ」

この辺りから世に言う、〝**宮澤語**

録〟が炸裂し始める。

余談だが、宮澤監督はグランツールなどの解説でも時々、宮澤語録を炸裂させるときがある。先日のブエルタ・ア・エスパーニャの解説では、「雨の日のレースは（走りながら）オシッコするのがバレなくていいですよね」と言い放ち、同席しているアナウンサーを驚愕させていた。私はそんな宮澤さんの解説が大好きだ。

さらに語録は炸裂。

「**スプリントのときは、脚の付け根がみぞおちにあるイメージ**で踏みますね！」

この辺りから凡人である私の脳ではついていけなくなり、相槌を打つのが精一杯になった。しかしこの〝自重〟を使ったペダリングはとても参考になった。無理矢理ペダルを踏むのではなく、スムーズなペダリングの中で、プラスアルファで自分の体重をかけていくのだ。**ガチャ踏みで脚を削るのはもってのほか**なのだ。

スピードアシストも、これぞ〝プロ技〟

そうこうしていると、先行していたインターバル組が道の駅で我々を待っていた。

宮澤監督は「猪野さんはさっき教えた**ペダリングを自分のものにしてください**」と言い、先頭を引く。平和な巡航が続くのかと思ったが、この辺りからプロの強度が牙をむき始めた。最初は時速40㎞だったペースが、徐々に45㎞になる。

「レースでも展開が動く前はこれぐらいダラダラ走りますよ！」と監督。

ダラダラ……。

プロの方々にとってはそうかもしれないが、私の場合は冷や汗と鼻水ダラダラで付いていくのがやっと。ぬぐう暇もない。

そのうちに監督と才田選手がトレインを回し始め、**スピードは時速50㎞から55㎞へ。ケイデンスは120を上回る**さすがに千切れ始め、最後尾についた。

相手は現役のプロ選手だ……千切れて当たり前だと、徐々に離れ出す。

すると中里選手がするすると降りてきて、私の方を振り向き、首を傾け付いて来いという仕草。私にはサングラス越しに「どうした坂バカ？　こんな強度で千切れちまうのかい？」と言っているかのように見えた。

そうだ！　これはプロの合宿だ！　**プロの方々が一緒に走ってくれているんだ！　こんな機会は二度とない！**（後にタイ合宿があるのだが……）一気に**ケイデンスを150に上げる。**

しかしどうしたことだろう？　中里選手に追い付くと、すいすいと集団に戻れるではないか！　中里選手はまるで背中に目が付いているかのように、私が付いて来れるスピードを把握し、無理なくスムーズに私を集団に戻したのだ。

「これがプロのアシストというものか！　素晴らしい！」

経験値の成せる業なのだろう。私は心底感服し、アシストの重要性を学んだ。

そこから**延々と時速55km**巡航。タイ合宿では付いていけなかった速度だが、この年は自己ベストを量産しまくり、乗りにのっていたため、何とか付いていけた。

が、しかし……監督の「最後スプリント！」の言葉とともに、皆様、下ハンダンシングでフルもがき！　さすがにこれには付いていくことはできなかった。

完全にノックアウトされた私に、監督は「**ここからは山岳です！　ダンシングでケイデ**

ンス100キープ!」と言い放つ。

私は〝坂バカ〟と銘打っているのに、坂に恐怖を感じたのはこのときが初めてだった。

そしてここから、世にも恐ろしい地獄の山岳ステージが幕を開けるのだった……。

ダンシングの基礎は体幹にあり

私を除く選手たちは恐ろしい速さで山へと消えていった。

どうやら**監督は山岳でダンシングが苦手な私に、ダンシングの極意を教えてくれる**ようだ。少しホッとした。

宮澤監督は、まず悪い例としてハンドルに体重が乗ってしまっている私のダンシングを真似て見せてくれた。自分ではそんなにハンドルに乗っているイメージはなかったが、改めて客観的に見せていただくと、確かに重心が少し前にあることがよくわかった。

すると監督は、ブラケットの先の尖った部分を親指と人差し指で摘まみ、**指だけでダンシング**をし出した。

「体幹で支えられるとこんなこともできちゃいます」

さらに〝曲芸〟は加速し、**片手だけでダンシング**をし出した。驚愕を隠せない私に監督は「簡単ですよ！　だって体重がハンドルに乗ってないから」。

さすがに片手ダンシングはできないので〝指だけダンシング〟に挑戦するものの、体幹の支えが弱い私には上手くできなかった。後に固定ローラーで練習し、指だけダンシングはようやくできるようになったが、片手ダンシングは未だに怖くてできない。

千切れさせてもらえない苦しさ

ダンシングの指導が終わってしまい、いよいよ地獄が幕を開けた。

先行していた「ケイデンス１００」組と合流すると、才田直人選手の鬼引き巡航が始まった。

宮澤監督から**教えてもらった腰を入れるペダリングで必死に付いていく。**ケイデンスは１２０を超えた。

トルク形だった私は**こんな高ケイデンスで坂を上るのはこのときが初めて**だった。さすがに心肺機能が悲鳴を上げ始め、千切れ始める。

すると私の後ろにいた中里仁選手が「ヨップ！　ヨップ！」という、何やらヨーデルのような掛け声を上げた。するとそれを聴いた才田選手は少しだけ強度を緩める。そして回復を待ち、また少しずつ上げる。

なるほど……プロの方々はこういうシステムでトレインを崩さず練習するのか……と感服すると同時に青ざめる。待てよ……**これは「千切れさせてもらえない」ということではないか！**

新城幸也選手とのタイ合宿も過酷だったが、ある意味、千切れるのは勝手だった。しかし今回は千切れさせてもらえない……これはタチが悪い！　新手の過酷さだ！

ここは山奥、もちろん信号などない。**前後をプロに挟まれ、ずっと高強度の拷問を受け続けなければならない！**　そう、逃げ場がないのだ……。

最大心拍を超えて猛烈にキツくなってくる……。しかしケイデンスが落ちるとヨップ！少しでも千切れるとヨップ！　ヨップ！　ヨップ！　生き地獄とはこのことだ。

そんな最中でも監督は「**ハンドルに乗らない！　腰で上半身支えて！**」と激しくアドバイスしてくる。

もう腰が限界だ！　苦し過ぎる！　千切れたい！　どうにかして千切れることはできないものかと思った瞬間……神が舞い降りた。

「プシュー!!」という音とともに後輪がパンク……私は見事に小石を踏んだのだ。決してわざと踏んだわけではない。小石さんありがとう。

中里選手の「ヨップ！」の掛け声は「パンクー！」に変わり、集団のスピードが緩み、私の心拍も穏やかに。**私にとっては恵みのパンク**だった。

これでしばらく休めると思いきや、プロの合宿ではいちいちパンク修理などしない。サポートカーに積んだホイールごと交換するのだ。換えのホイールなど持っていない私は宮澤監督の高級ホイールをお借りすることに。有り難い話だが、本音はゆっくりパンクを修理し、少しでも脚を回復させたかった……。

赤い水玉ジャージを恥じた瞬間

あっという間に恵みのパンク休息は終わり、トレーニング再開。

またすぐに強度が上がっていく。強度とともに勾配もキツさを増す。

ギアを軽くしようとしたが変わらない……。

「しめた！　**今度は恵みのメカトラか！**」と思って、スプロケに目を向けた瞬間、我が眼を疑った。すでにインナーロー……。ギアがない……。

お借りした宮澤監督のホイールはギアが25Tなのだ！　当たり前だ。世界の宮澤が32Tなどの乙女ギアを付けるわけがないのだ。

こうなるともう高ケイデンスは無理だ。かといって踏める脚もない。ダンシングするも力が入らず、しっちゃかめっちゃかな走りに。

これにはさすがの中里選手も「ヨップ！」とはいえず、集団は崩壊。自分のペースで頂上を目指すことになった。

それでも何とか数分遅れで山頂には着けた。慌てて補給食を貪り喰う……。しかしプロの方々の休憩は短い。

才田選手の「ここからは下り基調ですよ」と仏のような笑顔。「よし！　峠は越えたか」と安堵した私がバカだった……。確かに短い下りはあるものの、その後はお約束の上り返しの連続！　アップダウン……。そう、いちばん脚を削られるやつだ！

才田選手の嘘つき！　と思ったが、才田選手は下り「基調」といったものの、「下り」とは言っていない。**サイクリストは時に楽な方、楽な方へ都合よく解釈してしまう**癖がある。

アップダウンでのインターバルを何度くり返しただろうか……。

それでも徐々に下り、ようやく待ちに待った平坦へ……。もはや〝坂バカ俳優〟とは思えない言葉だ。赤い水玉ジャージを着ている自分を恥じた。

しかし平坦になったからといって強度はまったく落ちない。

もう限界すれすれだった私は思わず「ずっとこのペースなんですか？」と監督に質問した。すると監督は「強度落としたらトレーニングにならないですからね、上げることはあっても下げることはないです」と、笑顔で返してきた。ごもっともだ。ごもっとも過ぎて意識が飛びそうになった。

そのとき神は舞い降りた

平地でも猛烈な巡航スピードが容赦なく続いた。普段街中であれだけ煩しい信号が恋しくなる。そしてそれはすぐ「なぜ信号がないのだ」という怒りに変わる。

限界だ……。**私はプロでも何でもない、ただの坂バカなのだ。**

もう何も残っていない、またもや千切れ始める。すると後方から再び「ヨップ！」が始まった。力を振り絞り集団に戻ろうとするが、なかなか戻れない……「ヨップ！」


神様助けてください……「ヨップ！」

もう限界です……「ヨップ！」

奇跡よ舞い降りろ……「プシュー！」

この日の私は神がかっていた。

けたたましいパンク音とともに、今度は〝ヨップ〟中里選手の後輪がバースト！　断っておくが、これらはすべて長野で実際に起こったことなのだ。私は全身の力を振り絞って腹の底から前方へ叫ぶ。

「中里選手、パンクでーっす‼」

歓喜の叫び！　頭の中でベートーベンの「第九」が流れた。


パンクのため集団は緩み、近くのコンビニへ。

ありがたいことにサポートカーは少し離れていたため、その間にアイスを買って貪り喰うことができた。

中里選手のパンクにより何とか回復した私は、その後の鬼引きにも耐え、ようやく信号がある長野の市内へ。信号が現れた時の安堵感は、今でも忘れられない。

ゴールは善光寺。参道まで続く坂道で最後のスプリント！

もちろん最下位だったが、最後にプロのスプリントを間近に見ることができた。**ゴール後は悦びや達成感というよりも、ただただ高強度のトレーニングが終わったという解放感**だけだった。

宮澤監督「選手たちも苦しい」

　憔悴しきった私に監督は言った。

「**猪野さんもキツかったかもしれませんが、選手たちもキツいんです。**強い選手は楽に走ってると思われがちですが、300Wで走り続けるには300Wの苦しさがあるんです。その苦しさに耐える耐性があるだけで、苦しくないわけではないのです」

　この言葉を聞いて、パンクで一喜一憂してしまった自分がとてつもなく小さく思えた。

　トレーニングも終わり撮影も終了。ホテルに戻って冷たいシャワーを浴びてゆっくり休んでください、というのが普通の流れだが、『チャリダー★』の場合そうはいかない。夜はトレーナーさんも合流して地獄の「筋膜リリース」の撮影が待ち受けていた。初夏の長野の夜に私の悶絶する叫びが響いたのはいうまでもない。

第5章

［道半ば篇］

46歳の挑戦、2019年夏

ショー・マスト・ゴー・オン。
それは、いちど始まれば止められないこと。

「ショー・マスト・ゴー・オン（show must go on）」という言葉がある。演劇を志す人間なら誰もが知っている言葉だ。

「ショーは続けなければならない」

「**いちど始まったことは止められない**」という意味で使われる。

2019年の私の挑戦がまさにこれであった。

何と、某調味料会社の企画のインタビューで、今年結果が出なかったら、もうレースから手を引くと公言してしまったのだ。今となってはなぜそんなことを言ってしまったのかわからない。恐らく**ケジメとして自分にプレッシャーをかけたかったのであろう。**しかしこのプレッシャーが後に私を地獄へと叩き落とすことになる。

6月ぐらいまでは調子が良く、順調に出力が上がっていった。この調子で上がっていけば楽々と自己ベストを更新できる！

しかし、しかしだ……私は7月くらいから毎年謎の不調に見舞われる。

暑さなのか……冬からずっとトレーニングしてきた蓄積疲労なのか。出力が上がらないどころか、冬の数値まで落ちてしまった。

さらに**追い討ちを掛けたのが腰痛**だ。『チャリダー★』のロケで、青森県で開催された「下北半島ロングライド」310㎞に挑戦した。見事にトップで完走することができたのだが、実は270㎞地点で今までにない腰痛の症状が出てしまっていたのだ。

この際だからいちどちゃんと整形外科に診てもらおうという話になった。ネットで調べたらトライアスロンや自転車競技を専門に診ているドクターがいるではないか！　これはいい！　いったい自分の腰がどういう状態になっているのか、ハッキリさせようではないか！

意気揚々と整形外科に駆け込んだ！

人気のドクターなのだろう。1時間ほど待たされてようやく診察室に入れた。

そこには真っ黒に日焼けしたスラリとした女医さんが待っていた。無駄な脂肪が一切ない。聞くと彼女自身もトライアスリートらしい。

女医「**腰痛持ちは自転車やマラソンには多い**ですよね、とにかくレントゲンを撮ってみましょう」

さすがはアスリート！　とてもテキパキとしている。これは頼りになるぞ！　私の腰痛もあっと言う間に治してしまうに違いない！

レントゲンを撮り終え診察室に戻ると、衝撃的な言葉が待っていた。

女医「出ちゃってますね……」

ん？　出ちゃってる？

女医「ここ見てください……いちばん下の椎間板が潰れちゃって消え失せ、出ちゃってますよね」

潰れちゃって消え失せる？

何を言っているのか意味がわからない！

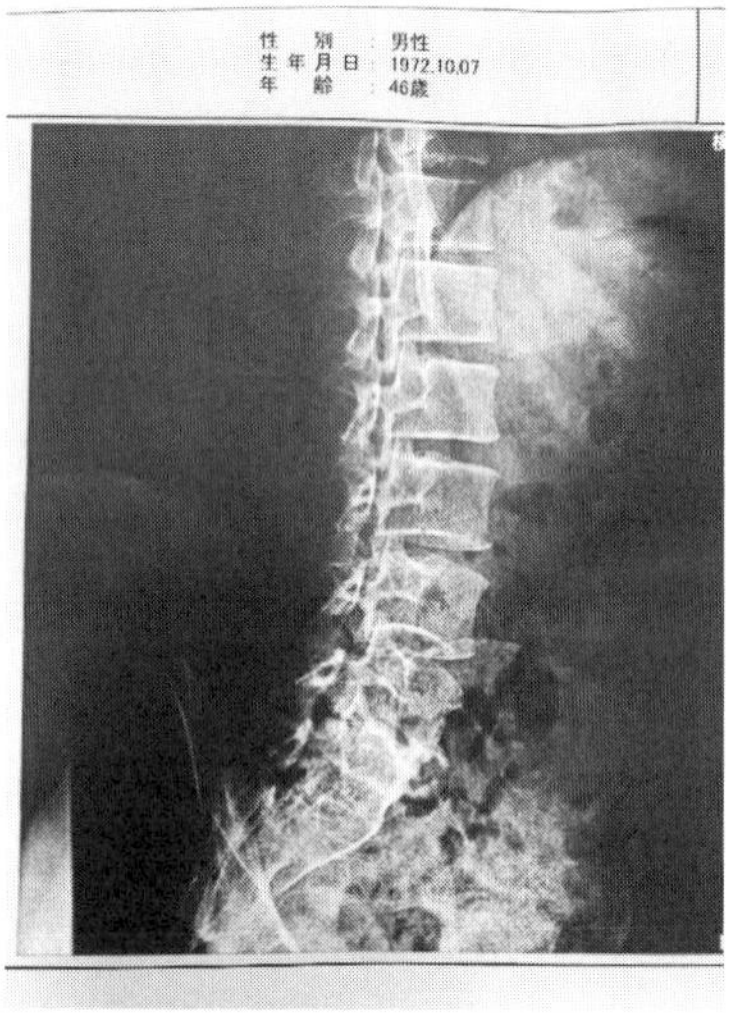

膨隆する男性46歳〔写真提供：著者〕

しかし、レントゲン写真をよく見てようやく話が理解できた。私の**椎間板は長年の自転車人生で圧迫されて潰れ、それが背骨の外に出て膨らんでいる**のだ。

女医「見事に膨隆《ぼうりゅう》してますね……ほらこんなに大きい」

膨隆？

見ると飛び出た骨が大きく膨隆している。どうやら**こいつが神経を圧迫し、腰痛となっている**ようだ。

病名は「**変形性腰椎症**」——アスリートに多い症状のようだ。やっと事態が飲み込め原因がわかった。あとはどうするかだ……私が言葉を発する前に先生が「手術かなぁ～」と言った。

女医「レースで結果を出したいなら、この骨削ったほうがいいかもしれません……紹介状書きます？」

決断が惚れ惚れするほど早いしブレがない！
ペテル・サガンのスプリント時の体幹のようだ！

しかし、しかしだ。ちょっと待ってほしい。

私の腰痛は自転車に乗らなければ発症しない。日常生活には何ら支障がないのだ。
内視鏡手術で簡単にできるらしいが、手術は手術だ！　術後は1カ月は自転車に乗れないみたいだし、とにかく乗鞍が終わってから考えよう！　ということになった。
先生は「斬るならいつでも言ってください！　名医を知ってます。紹介状書きますんで！」と爽やかに手を上げた……。

爽やかで芯が強い！
まるで実写版ナウシカのようだ。

と感心している場合ではない。自分の**腰が良くないことは明らかになった。**しかし**ショ**

ーマストゴーオンだ！　乗鞍は待ってくれない。

経験上、丁寧に左右均等にペダリングすれば腰痛が出るまで時間が稼げることはわかっている。現に6月の富士山国際ヒルクライムでは40分くらいは腰痛が出なかった！　22％を超える激坂区間でギアが足りなくなり、踏まざるを得なくなったときに腰痛が出た。

乗鞍は激坂は限られている。踏まずに回せば何とかなるはずだ！

こうして……まったくもって不安要素しかない状態で幕を開けた乗鞍２０１９――。案の定、そこにはとんでもない悲劇が待っていたのであった……。

人生の集大成に挑む。「マウンテンサイクリングin乗鞍2019」

いよいよ！

我が人生の集大成！

２０１９年乗鞍の幕が開けた！

目標タイムはズバリ！　自己ベスト1時間12分36秒を更新すること。

恒例のことだが、スタート直後は上げ過ぎないように注意する。

想いが強いレースは突っ込んで自滅しがちだ。**上げ過ぎたら二度と元に戻せない！**　これはヒルクライムでは鉄則なのだ。


徐々に心拍が上がるのを待つ。


国民休暇村を超えて三本滝までの森林区間。

ここは勾配が比較的緩いので、一人で走るよりは集団で走るのが鉄則。ちょうど4人くらいのパックができたので、このまま三本滝までは行こうと思った。しかし、私にとっては、少しペースが遅い。一人で走るよりは……と。

この**守りの思考が、今考えれば間違っていた**のかもしれない。体力を温存することに意識が囚われた。

三本滝を過ぎ、ここからは己のペースで行こうと決めるが、何とそのペースが上がらないではないか！

なぜだ！

今日はコンディションが良くない。

ＢＡＤ ＤＡＹか!!

しかし**調子が良かろうが悪かろうが、もう始まっちゃってる**のだよ！　集大成なのだよ！　某大手調味料会社の企画を背負っているのだ！

言いわけなんてできない！

とにかく死ぬ気でもがく！

それしかないのだ！

しかし、もがいているわりにはスピードが出ない。**頑張りが自転車に伝わっていない。**

笑って見えるが実は苦しい…。坂バカはどんなに苦しくても坂では笑う〔写真提供：板坂雅彦〕

何だこの自己満足は？

自転車競技は自転車を速く、効率良く、ゴールまで進ませなければならない。自転車をゴールさせるのだ！　当たり前だ！　今さら何を言っているんだ！

しかしあの日の私は、**自分の想いが強過ぎて、力が自転車にぶつかっているだけで進んでない……究極の自己満足クライムをしていた**のだ！

人間は追い詰められるととんでもない愚行をするものだ。

間違いなく今まででいちばん苦しく愚かなヒルクライム。

楽しいとか、そういうすべてを逸脱し

ている！

追い討ちをかけるように見事に腰痛が発症する！　膨隆し、出ちゃってる骨が神経を圧迫し、左脚の感覚がまったくない。

遠くでナウシカ（女医）の声が聞こえる……。

「骨が膨隆して……出ちゃってますね……」

出ちゃってる……出ちゃってる……私の骨は出ちゃってる。

意識が遠のく中、ようやくラスト５㎞地点の位ヶ原に到達した。

給水地点ですがるようにスポーツ飲料を貰う。しかし飲み込もうとした瞬間にすべて吐き出してしまった。

俺の体はどうなっているのだ？

どうやら胃痙攣を起こしている。

極度のストレスからか……俺は何をやっているんだ。

何だか悲しい気持ちになってきた。

46歳の大の大人が標高2000mで少しだけ泣く。

しかし漕ぎ続けなければならない。


ペダルを止めたらさよなら。

折れた心で必死にもがく。

もっとスマートにセンス良く生きられないものだろうか……。

俺の人生はいつからこんな……。


様々な思考が交錯しだす。

最後の折り返し4号カーブを曲がる。ここからゴールまではあと少しだ。

しかしさらに試練が襲う。

道幅が狭くなる大雪渓辺りから、先にスタートした選手の行列ができているではないか！

私の年代はスタート順が遅いため……先にスタートした選手たちが詰まって行列ができ

ている。何とか自分のラインを見つけて進むがもどかしい。

ゴール前……今度は反対側に下山組の行列ができている。ダメだ！　完全に道が塞がれている。思わず「詰まってるー！」と叫んでしまう。するとモーゼの十戒のように、さぁ〜っとみんなが道をあけてくれるではないか！

ありがたい……皆様ゴール前で、それぞれつらかろうに、私のためにラインをあけてくれた。

最後は人々のご厚意を受けてゴール！

すかさずサイコンの数字を見て愕然とする。

15分20秒。

目標タイムより3分も遅い。

望みが絶たれると書いて絶望。

今年は今までいちばん頑張ってきた。
それなのに……。

そこには苦しみから解放された達成感もなく。不甲斐ない己への怒りもなく。**ただ「無」があった。**何も感じない……ここまで打ちのめされると人は感情を失うものなのか。
そして無になって想ったのが、自分でも信じられないことだった……。

嫌いだ……坂も……自転車も。

もうこんなに報われない競技は辞めてしまおう。

乗鞍山頂で訪れたのは歓喜ではなく、坂バカ引退の危機であった。

エピローグ

悔しさのあとさき

必死でやりきった者にしか見えない景色

レースを終えて絶望の中でも、ゴール地点での番組の撮影は続く。共演者も結果が良く歓喜する者、悪くて涙する者、それぞれの乗鞍があったようだ。

やっと撮影を終えて下山の準備をしている間も、私の心はどこかに行ってしまっていた。サイコンのデータを見る気力さえない。自転車への愛が消え失せ悟りの境地だ。**このまま頭を剃れば坊さんとして立派にデビューできるぐらいの「虚無感」**であった。

下山の準備が整ったので、無気力に下り始める。

下り始めると乗鞍の澄んだ冷たい空気が疲れた身体にゆっくりと染み入っていく……。つい先ほど、最大心拍で死にものぐるいで上っていた苦しみが嘘のようだ。

嘘のよう……嘘であってほしい。

「はぁ〜ダメだったのか……」と、ここで初めて感情が芽生えた。

悔しい。
頑張ったのに報われない。

さらに下り続ける。大雪渓の美しい景色と、上ったばかりの勾配の数々を心地よく下り続ける。さっきまで頑《かたく》なに閉じていた何かが……融解し始める。

不思議だ……これだから嫌になる。
下山しているうちにまた上りたくなってくる。

さらに停止していた思考が猛烈に巡り始める。言い訳合戦の始まりだ！
ゴール前は選手で詰まっていて失速したではないか……あれだけで20秒は違うはずだ。キツいコーナーでは楽に上れる外側は既に選手で埋まっていて、イン側の激坂を上らざるを得なかったではないか……あれだけで1分は違うはずだ。自転車に撮影用カメラが2台も付いていたではないか（自己ベストを出したときも付いていた）。もっと減量していればば……これで1分。もっとしっかり睡眠をとれていれば……これで30秒。腰痛でなければ……20秒。

乗鞍のコーナーの数だけ続いてゆく、言いわけと、タラレバ。

そうこうしているうちに架空のタイムは縮まり続け、下山する頃にはタラレバで自己ベストを更新してしまう……。

そう！　これが世にいう「下山あるある」だ！

頂上でヒルクライムを今度こそ辞める！　と誓っても、下山し終わる頃にはすっかりモチベーションが復活し、また出場することを誓ってしまう。まったく厄介な症状だ！　**こうやって我々坂バカは無限のループをくり返す。**

結局日曜のレースで辞めると悟ったはずの私は、火曜には自転車にまたがり、また鼻水を垂らし心拍数を上げていた。

しかし今回の乗鞍で、私はある実感を得てしまった。

それは「老い」だ。

楽に走れていた強度が、苦しい。トレーニングを積んできたにもかかわらずだ。やはり

2、3年前より何かが確実に違うのだ。

もう自己ベストは出せないのか？
受け入れなければならないのか？
それなのになぜまだトレーニングをしているのか……。

恐らくそれが坂バカなのだろう……。
遅かろうが、速かろうが、バカになるまで頑張る。

そして**人生に於いてバカになれるほど没頭できるものがあるのは、これはこれでなかなか悪くない**ものだ。

私のバカさ加減は終わらない。
バカさ加減は加速する！
もうしばらく坂バカでいようではないか。
なぜなら、私はまだ坂の途中にいるのだから……。

初 出 一 覧

Cyclist「猪野学の“坂バカ”奮闘記」より
https://cyclist.sanspo.com/tag/ino-sakabaka-rider

【p.1-13】〈30〉世界の“坂バカ”頂上決戦「台湾KOMチャレンジ」開幕　3275mを上り続ける105kmの攻防リポート〈前編〉(2018年12月21日掲載)／〈31〉「台湾KOMチャレンジ」〈後編〉　105kmのヒルクライム登頂に人生初の嬉し泣き(2019年2月1日掲載)／【p.28-32】〈1〉「下り坂って言ったの誰だ!」　イタリアロケで叩き起こされた“本能”(2016年9月2日掲載)／【p.48-51】〈10〉強制退去、狂犬の襲撃…トレーニングにまつわる「恐怖体験」(2017年3月24日掲載)／【p.52-58】〈13〉「ペダリングは1日にして成らず」“39.3%”のどん底からの復活劇(2017年6月23日掲載)／【p.60-65】〈15〉山の神から「海へ向かえ!」　SUP練習で体得“脱力ヒルクライム”(2017年9月1日掲載)／【p.66-73】〈12〉「軽量化」が全てじゃない!　レンタルバイクで味わったヒルクライムの真骨頂(2017年5月26日掲載)／【p.74-81】〈11〉名俳優なのになぜ速い?　筒井道隆さんとのふじあざみライン対決(2017年4月28日掲載)／〈23〉“坂バカ”俳優はつらいよ　2つの顔でレースも芝居も全力投球(2018年4月27日掲載)／【p.82-86】〈27〉サイクリストに筋トレは必要?　身を以て体験した“諸刃”のトレーニング(2018年8月31日掲載)／【p.88-90】〈7〉「坂バカ界のアイドル」筧五郎さん直伝　地獄の特訓で編み出した“意識飛ばし”作戦(2017年1月13日掲載)／【p.92-98】〈24〉「老い」ニモマケズ「VO2MAX」ニモマケズ…　表彰台を夢見る40代男の青春(2018年6月1日掲載)／【p.100-105】〈25〉3つの顔を持つ恋人「アザミ」　運命的で衝撃的な彼女との出会い(2018年7月6日掲載)／【p.106-113】〈26〉表彰台は蜃気楼のように…　近づいては遠のく夏の日のレース(2018年7月27日掲載)／【p.114-122】〈19〉ヒルクライムはアシストで速くなる?　自己新記録を引き出してくれた“五郎ペーサー”(2017年12月29日掲載)／【p.124-131】〈22〉“セコい”といわれても勝ちたい!　獲得標高を競う「坂バカ遠足」の攻防(2018年3月30日掲載)／【p.132-139】〈3〉坂バカ日本一の森本誠“師匠”「山の神」たる所以(2016年10月7日掲載)／【p.140-145】〈4〉忍耐力と頭脳を持ち合わせた最強のコーチ　「ドクター竹谷」の“ダメ出し百烈拳”(2016年10月28日掲載)／【p.146-153】〈20〉猪野流ファンライドのススメ　力をもらった「アワイチ」“爆走”150km(2018年1月26日掲載)／【p.154-169】〈16〉「初めて坂が恐いと感じた」“隔離強化合宿”で体験したプロの世界〈前編〉(2017年9月29日掲載)／〈17〉「神様助けて!」“隔離強化合宿”で体験した逃げ場のないトレイン〈後編〉(2017年11/3日掲載)

猪野 学（いの・まなぶ）

俳優・声優　1972年、三重県生まれ。青年座研究所を卒業後、劇団青年座を経て、現在、オフィスコバック所属。俳優として舞台や映画、ドラマなどで活躍する一方、映画『スパイダーマン』の主演トビー・マグワイアの吹き替えをはじめとし、声優としても知られる。37歳からはじめたロードバイクに魅了され、2008年、『男自転車ふたり旅～イタリア1200kmを行く～』（NHK総合）に出演。2013年からは自転車情報番組『チャリダー★』（NHK BS1）にレギュラー出演し、「坂バカ俳優」という異名で人気を博す。自転車の他、空手やスキーなども特技とするスポーツマン。

マナブログII　https://ameblo.jp/inott-pitt/
ツイッター　@inomanab

自分《じぶん》に挑《いど》む！

人生《じんせい》で大切《たいせつ》なことは自転車《じてんしゃ》が教《おし》えてくれた

2019年12月31日　初版発行

著　者　　猪野 学
発行者　　小林圭太
発行所　　株式会社 CCCメディアハウス
〒141-8205　東京都品川区上大崎3丁目1番1号
電話 販売 03-5436-5721　編集 03-5436-5735
http://books.cccmh.co.jp

装　幀　　渡邊民人（TYPEFACE）
本文デザイン　清水真理子（TYPEFACE）
撮　影　　中村彰男
スタイリング　金子美恵子
ヘアメイク　原さとみ（ヴィクトリーフォード）
写真提供　猪野 学／Taiwan Cyclist Federation／板坂雅彦
Masami SATO／マウンテンサイクリングin乗鞍実行委員会
衣装提供　CCP（巻頭着用：スーツ／パーカ／インナーパンツ）
校　正　　株式会社円水社
印刷・製本　新藤慶昌堂

ISBN978-4-484-19225-3